Ed Silvoso

FRAUEN - DER TRUMPF GOTTES

Ed Silvoso

Frauen - der Trumpf Gottes

Hassmann-Verlag, Fürth

Im Original erschienen bei Regal Books, Gospel Light Worldwide, Ventura, Kalifornien, U. S. A.
mit dem Titel: „Women – God´s Secret Weapon“.

Hassmann-Verlag, Otto-Seeling-Promenade 14, 90762 Fürth
Homepage: www.vrh.de
E-Mail: info@vrh.de, Telefon: 0911/740 2938, Fax: 0911/740 2941

Übersetzung: Benita Chemnitz
Covergestaltung: Image Grafik-Design GmbH, Landsberg am Lech
Druck: Breklumer Druckerei Manfred Siegel, Breklum

Die Bibelzitate sind, soweit nicht anders vermerkt, der revidierten Elberfelder Übersetzung entnommen.

ISBN 3-932491-38-6

WIDMUNG

… unseren sechs Enkeltöchtern

Vanessa,
Sophia,
Serena,
Isabella,
Melanie und Mia,

die höchstwahrscheinlich Teil der großen Schar von Frauen sein werden, die in der Endzeit die frohe Botschaft verkündigen (siehe Ps. 68,11).

INHALT

EINFÜHRUNG

Einer der faszinierendsten Verse der Bibel findet sich in Psalm 68,11, der eine Schar von Frauen beschreibt – Siegesbotinnen, die eine gute Nachricht verkündigen. Das Erstaunliche daran ist nicht etwa, dass es Frauen sind, die das Evangelium predigen, sondern, dass sie in dieser spezifischen Bibelstelle vom Herrn zusammengerufen werden, um seine Feinde auszulöschen. Sie tun eine so großartige Arbeit, dass Könige und Heere in völliger Verwirrung fliehen, wonach diese Frauen das Feindeslager ausplündern können.

Die Vorstellung, dass Frauen predigen könnten, wird in einigen christlichen Lagern nicht gerade gern gesehen, doch das Konzept, dass weibliche Prediger böse Heere besiegen, ist etwas ganz Neues und zugleich kontrovers, um es gelinde auszudrücken. Es ist schwierig, sich Frauen im Kampf vorzustellen.

Doch ganz am Anfang der Bibel schließt die erste Darstellung geistlicher Kampfführung eine Frau und den Teufel ein (siehe 1. Mose 3,1-7). Dies sollte offensichtlich nicht ein isoliertes Ereignis sein, da Gott sofort nach dieser Begegnung anordnete, dass die Frau und ihr Same für ewig mit dem Teufel in Feindschaft stehen würden (siehe Verse 14-16).

Die Rolle der Frau in der Gesellschaft, und speziell in der Gemeinde, entfesselt die leidenschaftlichsten Debatten – ein Großteil davon durch die Breite der sozialen und geistlichen Kluft aufgebauscht, die die Geschlechter trennt.

Im Oktober 1998 hatte ich das Vorrecht, am Programm der „Gap" (z. Dt. etwa: „Tritt in den Riss") -Veranstaltung der „Promise Keepers" in Washington, D. C., teilzunehmen. Es war sehr bewegend, über eine Million Männer gemeinsam den Sünden der Vergangenheit absagen und Gott um Kraft für die Zukunft bitten zu sehen.

Plötzlich erschien eine kleine Gruppe von Frauen, offensichtlich Mitglieder der „National Organization for Women" (NOW), auf der Bildfläche. Sie zogen Teile ihrer Kleidung aus und schrieen die Männer an: „Lasst uns sehen, wie ernst es euch mit eurer Religion ist. Schaut! Schaut her!" Während dies geschah, gab Patricia Ireland, die Präsidentin von NOW, rund um die Uhr Interviews und stellte gnadenlos die Motivation der Männer in der Versammlung in Frage. Der Kontrast illustriert auf schmerzliche Weise die Breite der Kluft zwischen den Geschlechtern.

Am 1. Mai 2000 veröffentlichte das *Time* Magazin einen Artikel mit dem Titel „Die Tochter des Predigers" über Ann Graham Lotz, die Tochter des sehr geschätzten Evangelisten Billy Graham. Der Schreiber berichtete, dass der Dienst von Frau Lotz viel Widerstand, in einigen Fällen sogar Ablehnung, von Menschen erfahren hatte, die von ganzem Herzen hinter ihrem Vater stehen. Der Artikel im *Time* Magazin berichtet, dass in einer Pastorenkonferenz im Jahr 1988 „viele der Zuhörer von Frau Lotz ihre Stühle umdrehten, um nicht eine predigende Frau ansehen zu müssen.[1]" Sie soll gesagt haben: „Wenn jemand ein Problem mit Frauen im Dienst hat, muss er sich bei Jesus beklagen. Er ist derjenige, der uns eingesetzt hat."[2]

Sei es nun eine Gruppe von weiblichen Freiheitskämpfern in Washington, D. C. oder ein weiblicher Prediger mit beeindruckenden Referenzen – was Frauen tun, entflammt leicht die Gemüter.

Im weltlichen Bereich habe ich Feministinnen gesehen, die ihre Privatkriege gegen Männer und die Gesellschaft ausfechten. Leidenschaft – nicht Vernunft, treibt sie voran. Rache – nicht Versöhnung, ist ihre Motivation. Diese Kreuzzügler können immer an der Spur verwundeter Menschen erkannt werden, die sie hinter sich zurücklassen.

Ich habe auch Frauen in der Gemeinde gesehen, die zutiefst enttäuscht waren, wenn die Berufung für den Dienst, die sie von Gott empfangen zu haben glauben, besonders von Männern nicht anerkannt wird. Einige wurden religiöse Feministinnen. Getrieben von ihren Verletzungen, bringen sie ihre Sache überzogen vor und mehren letztendlich nur das Maß an Schmerz in der Gesellschaft, indem sie so viel mehr Schmerz erzeugen.

Andererseits ist die Welt dank Wahrzeichen wie Mutter Teresa um so vieles besser geworden. Leider tun die Feministinnen sie als irrelevant ab, weil sie nicht zusammen mit ihnen zu den Waffen gegriffen hat. Sie schauen auch verächtlich auf Frauen herab, die sich wohl und zufrieden damit fühlen, Familie und Mutterschaft zu ihrer höchsten Priorität im Leben zu machen.

Ein geistlicher Bürgerkrieg tobt. Wenn auch diejenigen, die tatsächlich schießen, nur ein verschwindend kleiner Teil der Gesamtbevölkerung ist, sind ihre Gewehre doch laut, und die Kugeln verletzen viele unschuldige Zuschauer. Ich habe dieses Buch geschrieben, um Männer und Frauen, die in diesem geistlichen Bürgerkrieg gefangen sind, zu ermutigen. Meine Referenzen sind sehr eindeutig: Ich liebe Gott, ich ehre Männer und Frauen, und ich möchte diese Welt für Jesus Christus eingenommen sehen. Ich bin ein Forscher der Heiligen Schrift, der sich ganz der Gemeinde Jesu verschrieben hat.

Ich wurde in der Macho-Gesellschaft Argentiniens geboren und wuchs dort auch auf. Von jüngster Kindheit an hatte ich enge Gemeinschaft mit anderen Jungen und Männern. Mein Vater war mein bester Freund, meine Onkel waren meine Mentoren und Ratgeber und meine Cousins meine Spielkameraden. Mit meinen Cousins baute ich Baumhäuser, ritt Pferde, spielte ich Fußball, trat der Armee bei, ging in die Schule und leitete Firmen. Ich habe mich immer im Umgang mit Männern wohl gefühlt.

Auf der weiblichen Seite habe ich eine liebevolle Mutter und eine Schwester (keine Brüder). Wir lebten in nächster Nähe von fünf Tanten. In einer italienisch-spanischen Familie wie der meinen hat der Ausdruck „Nähe“ eine intensivere Bedeutung als in anderen Kulturen. Wenn ich sage, dass wir uns nahe waren, dann meine ich *sehr* nahe. Diese Nähe verschaffte mir das Vorrecht, ein Fensters in die weibliche Welt zu haben, indem ich unbemerkt ihren Unterhaltungen lauschen und ihr Verhalten und ihre Reaktionen beobachten konnte.

Über dreißig Jahre bin ich nun mit meiner wunderbaren Frau, Ruth, verheiratet. Wir haben vier kostbare Töchter und im Moment sechs Enkeltöchter. Im Zusammenleben mit Ruth konnte ich mein Verständnis davon vertiefen, was eine Frau ist. Sie hat mich durch das an der Hand geführt, was für mich – ein männliches Wesen, ein faszinierendes Labyrinth ist. Es war und bleibt ein höchst bereicherndes Erlebnis.

Zusammen haben wir unsere Töchter heranwachsen sehen – von Babies über kleine Mädchen und junge Damen hin zu reifen Frauen. Wir durften ihre ersten Schritte im Leben und im Dienst beobachten. Als Eltern waren wir immer der Meinung, unseren Kindern zwei Dinge geben zu müssen: Füße, auf denen sie stehen, und Flügel, mit denen sie fliegen können. Heute leben sie in solchen Dimensionen, dass wir recht häufig ihren Rat suchen. In jüngster Zeit beobachten wir unsere sechs Enkeltöchter bei ihren ersten eigenen Schritten aus der bequemeren Position der Großelternschaft. Der Weg vor ihnen, wie die Wege ihrer Mütter zuvor, ist mit Herausforderungen gespickt und von Gipfeln von Freude und Tälern von Schmerz eingefasst.

Ich bin völlig überzeugt, dass Frauen außergewöhnliche Geschöpfe sind, und dass ihr gottgegebenes Potential weit über alles hinausragt, was wir bisher angezapft haben. Doch ist mir auch bewusst, dass der Weg für Frauen kein leichter ist. Ich wünsche meinen Töchtern und Enkeltöchtern Erfolg. Ich wünsche jeder Frau Wohlergehen!

Was sagt Gott über die Rolle und Position der Frau in der Gesellschaft und in der Gemeinde? Er ist es, der uns als Mann und Frau erschaffen hat. Er ist es, der uns zu heiraten und einander anzuhangen geboten hat, bis wir eins geworden sind.

Da sind noch andere Fragen. Welche Vorkehrungen hat er für den Umgang mit den Verletzungen und dem Schmerz getroffen, die aus dem Geschlechterkonflikt resultieren? Welches Wort hält er unterdrückten Frauen und Männern bereit, die sich verwirrt und frustriert fühlen?

Als ich in der Bibel nach Antworten suchte, entdeckte ich, dass Gott zutiefst an der Versöhnung von Mann und Frau interessiert ist – zuerst an ihrer Versöhnung mit ihm und dann untereinander. Er ist ganz eindeutig weder Feminist, noch ein religiöser Heuchler. Wir wissen, dass er sowohl männlich als auch weiblich ist, denn er hat Mann und Frau geschaffen, um dieses doppelte Selbstbild widerzuspiegeln (siehe 1. Mose 1,27). Er ist für Versöhnung, und er hat geplant, dass Männer und Frauen in einer nie da gewesenen weltweiten Seelenernte Seite an Seite dienen.

Gott hat auch vor, Frauen zu gebrauchen, dass sie mit den Männern Seite an Seite den Kopf Satans in einem Überraschungsangriff zertreten, wenn der Augenblick kommt, alles und jeden unter die Füße Jesu zu tun.

Frauen sind faszinierende Geschöpfe. Die Erschaffung Evas krönte die intensivste Zeitspanne göttlicher Kreativität auf Erden. Die Art und Weise, wie Gott sie schuf, offenbart, dass Frauen doppelt geläutert sind und dass solche Läuterung viel mit Gottes Plan für sie in der Endzeit zu tun hat.

Gott kann jeden Augenblick den Befehl erteilen, und ein Heer weiblicher Predigerinnen wird Wunder tun und jeden damit überraschen – vor allem den Teufel selbst. In der Zwischenzeit stellt Gott weiterhin die Geschlechter wieder her, damit sie all das sein können, wozu er sie geschaffen hat. Lies weiter und sei ermutigt!

1. Eine der größten Ängste Satans

Eine der größten Ängste Satans hat mit Frauen zu tun. So erstaunlich es auch klingen mag: Was Frauen zu tun imstande sind, quält ihn unaufhörlich. Die Wurzeln der Qualen Satans gehen zum Anfang des Lebens im Garten Eden zurück, als er als Teil schwersten göttlichen Gerichts die folgenschwerste Drohung aller Zeiten empfing.

Die Androhung

Die Androhung, die sich in den ersten Kapiteln der Bibel festgehalten findet (siehe 1. Mose 3,15), war ausgeklügelt. Sie war keine bloße Einbildung, denn Gott sprach sie aus, und er wird niemals seinem Wort untreu werden. Zuerst verfluchte er Satan (der als Schlange getarnt war) „unter allem Vieh und unter allen Tieren des Feldes“ (1. Mose 3,14). Nachdem er ihn in der Rangordnung des Tierreiches ganz nach unten verwiesen hatte, erniedrigte ihn Gott noch mehr, indem er ihm die Füße nahm. „Auf deinem Bauch sollst du kriechen“ (Vers 14), erklärte er und reduzierte damit die Mobilität Satans zu bloßem Kriechen. Schließlich ruinierte Gott auch noch seine Nahrung, indem er erklärte: „Staub sollst du fressen alle Tage deines Lebens“ (V. 14).

Doch Gott war noch nicht fertig! Als nächstes drohte er dem Teufel mit der Frau, indem er bestimmte, dass ihr Zorn für immer auf ihn gerichtet sein wird (siehe 1. Mose 3,15). Um klarzumachen, dass es sich hier nicht nur um eine leere Drohung handelte, kündigte Gott ein Rückspiel an. Er offenbart sogar den Ausgang: Der Same der Frau wird Satan besiegen, Satans Kopf wird zertreten werden, während er der Ferse der zutretenden Person nur geringfügigen Schaden zufügen kann (siehe V. 15).

Ganz offensichtlich spricht hier Gott über das Kommen des Messias, doch die Tatsache, dass der auf den Teufel abgezielte weibliche Zorn einen so wichtigen Teil der Drohung Gottes einnimmt, muss wohl bedeuten, dass Frauen eine signifikante Rolle spielen. Würde ihn Gott sonst als Rahmen für die erste messianische Prophetie gebrauchen? Könnte dahinter nicht viel mehr stecken, als uns der Böse wissen lassen möchte?

Satan ist ein schlechter Verlierer und ein stolzer noch dazu. Seit dem Augenblick, als Gott diese verheerende Drohung aussprach, macht der Teufel Überstunden, um ihre Bedeutung zu verdrehen. Das ist der Grund, warum so viele Menschen – besonders Frauen, den irrigen Eindruck haben, Satan hätte es ganz besonders auf sie abgesehen, um ihnen zu schaden. Nichts könnte von der Wahrheit weiter entfernt sein! Der Teufel ist derjenige, der auf der Hut sein muss, da er es ist, der mit zertretenem Kopf dargestellt wird. Während die Frauen aufrecht gehen, muss Satan immer nur kriechen, wodurch er seinen Kopf jedes Mal, wenn sie ihren Fuß auf den Boden setzen, verwundbar macht. Er ist derjenige, der Angst haben muss – nicht umgekehrt!

Ein Heer von Frauen

Frauen müssen diese Wahrheit entdecken. Der Teufel weiß, dass Gott nicht lügen kann – was Gott verheißt, wird immer auch eintreten. Deswegen brachte Satan Jahrhunderte damit zu, Frauen schlecht zu machen und ein Geflecht von Lügen zu einem ausgeklügelten weltweiten Netzwerk von Unterdrückung zu verflechten, um sie niederzuhalten. Er weiß, dass sein böses Reich zu einem abrupten Ende kommen wird, wenn die Frauen herausfinden, wer sie wirklich sind. Er kann sich nicht leisten, die Frauen aufrecht gehen zu lassen. Er muss verzweifelt alles daran setzen, sie zu unterdrücken.

Doch Satan kann das nicht immer und ewig tun. Die Schrift sagt uns, dass der Tag schnell herannaht, wo Gott die Frauen erheben und Massen von ihnen in den Dienst senden wird. Psalm 68,11 erklärt, dass Gott zu einem strategischen Zeitpunkt einen Befehl erteilen und eine Kompanie von Frauen, die die Gute Nachricht verkündigen, seine Feinde besiegen wird[3]. Eine nur aus Frauen bestehende Armee wird dies zustandebringen, und es wird ein Überraschungssieg sein.

Bis zum Augenblick ihrer Einberufung werden diese kriegstüchtigen Frauen gezwungen sein, kaum beachtet ganz am Boden zu liegen, wie graue Tauben auf schmutzigen Schafhürden (siehe Ps. 68,13). Zur bestimmten Zeit wird Gott diesen gedemütigten Frauen den Befehl geben aufzustehen und zu kämpfen. Während sie dem Feind nachjagen, wird sie Gott dazu gebrauchen, „das Haupt seiner Feinde, den Haarscheitel dessen, der da wandelt in seinen Verschuldungen“ zu zerschmettern (Ps. 68,21). Psalm 68 beschreibt den Höhepunkt des von Gott im Garten Eden versprochenen Rückspiels, und das Überraschungselement darin wird der Schlüssel zum Sieg sein.

Schulhof-Tyrannen

Ich kann den Tauben aus Psalm 68 aufgrund eines Erlebnisses in meiner Grundschulzeit nachempfinden. Es war anfangs schmerzlich und degradierend, sollte jedoch später den Rest meines Lebens definieren.

Wie viele Argentinier war ich römisch-katholisch erzogen worden. Meine Mutter war religiös und gottesfürchtig; mein Vater, ein angesehener Leiter in der Gesellschaft, war Atheist. Von ihren unterschiedlichen Perspektiven aus hämmerten mir jedoch beide die Notwendigkeit ein, ein Vorbild und hervorragend in allem zu sein, was ich tat. In diesem Kontext brachten sie mir auch auf äußerst eindeutige Weise bei, niemals mit streitlustigen Kindern zu kämpfen. Ich sollte nicht auf ihr Niveau herabsteigen. Ich sollte stattdessen ein Vorbild in Selbstbeherrschung sein. Kämpfen war ein absolutes Tabu, besonders aufgrund der hohen Position meiner Familie.

Als Messdiener und stark religiöser Mensch hatte ich keinerlei Schwierigkeiten mit der Theorie. Die praktische Seite jedoch war nicht so einfach, vor allem im Umgang mit Gangs und Rabauken in der Schule. Diese Pausenhaie reizten mich immerzu, weil sie wussten, dass ich nicht zurückschlagen würde. Ich war ein leichtes Opfer. Diesen Tyrannen erschien ich wie ein flügelloser Vogel in einem Fuchsbau.

Das Leben in der Schule wurde äußerst schwierig. Was immer ich tat, wurde gegen mich verwendet. Wenn ich die besten Noten bekam, erklärten die Rabauken die schlechtesten Noten als „in“. Gute Noten waren nur für blöde Streber, sagten sie. Als ich zur rechten Hand des Lehrers ernannt wurde – ein begehrtes Vorrecht, wurde ich verächtlich zum Lehrerliebchen abgestempelt. Jedes Mal, wenn mich der Schulleiter öffentlich lobte, wurde ich im Privaten brutal verhöhnt. Meine Bücher wurden gestohlen, meine Notizblocks abgerissen, mein Essensgeld unter Nötigung „konfisziert". Meine *figuritas*, das argentinische Gegenstück zu den amerikanischen Baseballkarten, wurden gewalttätig „gehandelt", mit der Besonderheit, dass dieser Tauschhandel eine Einbahnstraße in die Tasche eines Rabauken darstellte.

Trotz aller Peinigung fühlte ich mich nie von den kampflustigen Jungen zermalmt. Tief in mir wusste ich, dass ich jedem einzelnen von ihnen entgegentreten könnte, sollte ich mich dazu entscheiden, doch ich fühlte mich durch die strikten Anweisungen meiner Eltern gebunden. Die Tatsache, dass ich den besten Notendurchschnitt in meiner Klasse hatte und mir das Vorrecht anvertraut wurde, in öffentlichen Veranstaltungen die zeremonielle Fahne zu tragen, unterstrich die Botschaft, dass ich anders war. Ich wusste, dass ich mich nicht auf ihr Niveau hinabbegeben sollte, doch es war nicht einfach.

Der Kampf

Die Dinge eskalierten, als meine Schwester auf die gleiche Schule kam: Die Jungs versuchten sie anzumachen. In der Vergangenheit hatten mich diese Typen mehrfach verhöhnt, indem sie meinen Vater einen Idioten und meine Mutter eine Hure nannten. Ich war fähig, diese falschen Anschuldigungen zu ertragen, weil meine Eltern sie nie gehört hatten. Doch als diese „harten Jungs" begannen, ihren Dreck auf meine Schwester abzuzielen, wurde es mir zu bunt. Sie war auf dem Gelände, in meiner *und in ihrer* Nähe!

Eines Tages umringten und verhöhnten mich diese Jungen in einer Pause. Sie riefen laut, was sie meiner Schwester anzutun planten, und nannten mich einen rückgratlosen Feigling, der nicht kämpfen würde. Jeder auf dem Pausenhof konnte ihre obszönen Verunglimpfungen vernehmen.

Als mich die Rabauken immer enger umringten – zum tödlichen Schlag bereit, empfand ich eine schreckliche Spannung zwischen den zurückhaltenden Befehlen, unter denen ich die ganze Zeit still geblieben war, und der Gefahr, die sich schnell um mich herum aufbaute. Als die Spannung am Siedepunkt angekommen war, verspürte ich eine unerwartete Freisetzung. Etwas in mir befahl mir zu kämpfen. Ich wusste in diesem Augenblick, dass ich mich nicht länger zurückhalten durfte. „Kämpfe!“, lautete die Parole, und ich kämpfte mit allem, was in mir war!

In kürzester Zeit lagen die drei Anführer der Gang in einem Haufen auf dem Boden. Ich hatte nie gewusst, dass ich Schläge so gut abwehren oder so präzise Treffer landen konnte, doch ich tat beides. So überrascht ich auch war, die Rabauken waren noch viel erstaunter. Als ich mich dem vierten Rabauken zuwandte, blieb er stocksteif stehen, ließ die Fäuste sinken und rannte schließlich davon. Ich drehte mich langsam einmal um mich herum und blickte allen Umstehenden in die Augen. „Wer möchte der nächste sein?“, fragte ich, wobei ich ihren Blick ertrug. Sie wandten den Blick ab, beugten die Köpfe und die Gruppe löste sich in kürzester Zeit auf. Die drei entmachteten Kampfhähne standen leise auf und verschwanden – erniedrigt und beschämt.

Ein neuer Tag

Ich wurde nie wieder belästigt. Genaugenommen war das der Tag, an dem mich alle meine Klassenkameraden zu respektieren begannen. Es sprach sich herum, dass mit mir nicht zu spaßen sei. Meine schulischen Leistungen wurden nicht länger verspottet. Meine Meinung zählte. Ich stieg von einer Position erzwungener Demut zu einer Position unangefochtener Leiterschaft auf. Niemand erwartete dies so, wie es geschah, nicht einmal ich selbst. Doch es geschah, und es veränderte die Dinge dauerhaft.

Dies ist das Bild, das wir in Psalm 68 vorfinden. Silbertauben, die gezwungen wurden, auf schmutzigen Hürden zu liegen, werden plötzlich im Kampf eingesetzt. Sie besiegen unerwartet einen Feind, der sich niemals auch nur erträumt hätte, von gerade denjenigen zerstört zu werden, die er so lange und so sehr unterdrückt hatte (siehe Ps. 68,11-13). Dies ist der Höhepunkt des von Gott in 1. Mose 3,15 verheißenen Rückspiels. Die Zügel, die Frauen zurückgehalten haben, werden weggenommen werden. Sie werden das Wort „kämpfe!“ vernehmen und mit aller Kraft kämpfen. Wenn sie in den Kampf stürmen, wird ihr Feind auf die unerwarteteste Weise besiegt werden. Der Überraschungseffekt wird das Schlüsselelement darin sein.

Überraschung als Strategie

Im Film *Der Patriot*, ein fiktionaler Bericht von Geschehnissen im amerikanischen Unabhängigkeitskrieg, findet sich gegen Ende eine Szene, die wunderbar darstellt, wie tödlich das Überraschungselement im Kampf sein kann. Die Amerikaner standen wohltrainierten und bestens ausgerüsteten Truppen unter dem Kommando des britischen Generalmajors Lord Charles Cornwallis gegenüber.

Die Kolonistenarmee bestand aus einigen einfachen Soldaten, die Mehrzahl waren jedoch Volkspolizisten, im Grunde unausgebildete Bauern mit Jagdgewehren. Der britische Kommandant verspottete das Volksheer öffentlich, weil er es so häufig im Kampf hatte versagen sehen. Sein amerikanischer Gegenspieler empfand ebenso, beschloss jedoch, diese offensichtliche Schwachheit zu seinen Gunsten auszunutzen. Er positionierte die Volksarmee an einzelnen Stellen des Kampffeldes was bedeutete, sie dass sie den Angriff auf den Feind starten würden. Als Cornwallis dieses Manöver einschätzte, fühlte er sich keineswegs bedroht. Er sah die Truppen der Volksarmee auf seine Positionen zukommen, doch er *wusste*, dass sie unter Druck wie schon so oft in der Vergangenheit zusammenbrechen würden.

Als Cornwallis seine Truppen aussandte, kehrte die Volksarmee um und floh wie erwartet zu dem Hügel, von dem sie soeben erst hinabgestiegen war. Die Rotmäntel jagten vorwärts, überzeugt davon, in Kürze die Amerikaner auszulöschen. Doch sobald die fliehenden Volksarmeesoldaten die andere Seite des Gipfels erreichte, warfen sie sich auf den Boden und lagen still da. Die Kolonialarmee, die im Hinterhalt gewartet hatte, feuerte ihre Flinten auf die unvorbereiteten Rotmäntel, die auf dem Berggipfel ein leichtes Ziel abgaben. Die meisten von ihnen fielen und standen nie wieder auf. Dieser Überraschungsangriff wendete das Blatt im Kampf, und die Briten verließen das Kampffeld in Niederlage.

Die letzte Schlacht

Ich habe dieses Buch geschrieben, um die Wahrheit klar herauszustellen, dass der Teufel vor den Frauen Angst hat und Gott sie als Reserve für eine entscheidende Rolle in der letzten Schlacht aufbewahrt hat. Jesus Christus, der von einer Frau geboren wurde, zertrat zuerst den Kopf der

Schlange auf Golgatha und verletzte ihn tödlich, als er in den Hades hinabstieg und wieder auferstand. Danach befahl Jesus seinen Jüngern, bis an die Enden der Erde zu gehen und Satans Reich zu zerstören. Ihnen wurde zugesichert, dass „der Gott des Friedens..." Satan zum rechten Zeitpunkt „unter eure Füße treten" würde (Röm. 16,20).

Der Höhepunkt des Rückspiels, das auf Golgatha begann und bei dem der Kopf des Teufels zertreten wird und Frauen den Punktestand durch ihre Schlüsselrolle in Satans Niederlage mehr als nur ausgleichen werden, steht vor der Türe. Satan weiß das, weil er es Gott im Garten Eden ankündigen hörte. Er hat hart daran gearbeitet, die Frauen unterdrückt und gedemütigt niederzuhalten. Er hat unser Verständnis der Schrift so verdreht, dass Frauen nicht in den Dienst gestellt werden. Doch Gott gebraucht all das, um Satan in ein falsches und letztendlich tödliches Gefühl von Sicherheit zu wiegen.

Aufgrund der Drohung Gottes und der verheißenen Feindschaft der Frau gibt es wenige Dinge, die Satan mehr fürchtet als Frauen, die in der Kraft des Heiligen Geistes dienen, und Männer, die partnerschaftlich mit ihnen zusammen arbeiten. Es ist höchste Zeit, dass die Frauen erkennen, dass sie Gottes Trumpf für die letzte Schlacht sind. Dies werde ich in diesem Buch aufzeigen. Es ist auch höchste Zeit, dass die Männer erkennen: „Es ist nicht gut, dass der Mensch allein sei" (1. Mose 2,18). *Tiefe* innige Gemeinschaft muss wiederhergestellt werden, damit Männer ihre Rolle als Beschützer zurückerobern und Frauen *völlig* für das freigesetzt werden können, was Gott von Anfang an vorhatte: den Teufel mit göttlich sanktioniertem Zorn zu quälen, um ihn unten zu halten, wo er den Staub der Niederlage fressen muss. Darum geht es in diesem Buch.

2. Doppelt geläutert

Der biblische Bericht von der Erschaffung der Welt ist etwas Faszinierendes. Wie Gott alles aus dem Nichts schuf und Planeten und Konstellationen sowie alle möglichen Arten von Pflanzen und Tieren zum Existieren brachte, ist ehrfurchtgebietend. Doch der Höhepunkt war erst dann erreicht, als Gott die erste Frau erschuf.

Am Ende jedes Schöpfungstages, außer am zweiten und sechsten Tag, sah Gott auf das, was er erschaffen hatte und erklärte: „Es ist gut" (siehe 1. Mose 1,4;18;25). Am zweiten Tag äußerte er keine Meinung. Der sechste Tag jedoch bereitete ihm zweifellos die größte Freude. Nachdem er Eva erschaffen hatte, erklärte er den sechsten Tag als „*sehr* gut" (siehe 1. Mose 1,31).

Gott stempelte nicht jeden Tag unkritisch mit den Worten „es ist gut" ab. Das Schweigen am zweiten Tag und das hinzugefügte Adjektiv am sechsten Tag deuten an, dass er eine gründliche Bewertung vornahm, bevor er seine Meinung abgab. Zweifellos ist der sechste Tag der Tag, der Gott die größte Freude bereitete.

Sonderkomplimente für Gott

Was war geschehen, dass sich Gott, der schon mit seinen Werken der vorigen Tage zufrieden war, selbst Sonderkomplimente machte? Am sechsten Tag schuf Gott zuerst die Tierwelt. Er machte alle Tiere der Erde und sagte, „es ist gut" (siehe 1. Mose 1,25). Dann schuf Gott den Menschen, und nachdem er Adam in Augenschein genommen hatte, stellte er fest: „Es ist *nicht* gut, dass der Mensch allein sei" (siehe 1. Mose 2,18, Schrägdruck hinzugefügt). Diese Aussage, „es ist nicht gut" bezieht sich nicht auf die Erschaffung des Mannes, sondern auf den Zustand der Unvollkommenheit, in dem sich Adam in diesem Augenblick befand. Offensichtlich war Gott mit dem, was er sah, nicht völlig zufrieden.

Daher machte sich Gott daran, die erste Frau, Eva, zu erschaffen, und erklärte sofort danach: „Es ist *sehr* gut" (siehe 1. Mose 1,31). Die Bewertung des sechsten Tages begann mit *gut*, fiel dann ab auf *nicht gut* und endete mit *sehr gut*. Der Grund für eine so dramatische Wendung war die Erschaffung der ersten Frau. Ohne Eva hätte der Tag mit einer nicht so guten Bewertung geendet. Stattdessen sorgte ihre Erschaffung an diesem Tag für höchste Zufriedenheit Gottes.

Wir neigen dazu, diesen Punkt zu übersehen. Warum? Weil wir die Aussage lesen, „und Gott sah alles, was er gemacht hatte, und siehe, es war sehr gut" (1. Mose 1,31), und dann annehmen, Gott beziehe sich auf alles, was er in den sechs Schöpfungstagen erschaffen hatte. Auch wenn das in einem allgemeinen Zusammenhang richtig ist, datiert doch eine genaue Untersuchung von 1. Mose 1,31 diese Bemerkung auf das Ende des sechsten Tages und die Erschaffung Evas (siehe 1. Mose 1,28-31). Dies war der einzige Tag, an dem Gott seine Bewertung des Tageswerkes änderte, nachdem er etwas geschaffen hatte. Dies gibt uns Raum zu der Annahme, dass Eva – Gottes raffiniertestes Geschöpf, das Niveau göttlicher Zufriedenheit um einige Stufen ansteigen ließ.

Es ist von größter Wichtigkeit zu erkennen, dass von Anbeginn des Lebens auf dem Planeten Erde Frauen Gott gewaltige Genugtuung bereiteten. Frauen sind nicht etwa ein Nachgedanke oder eine spätere Ergänzung zu Gottes Plan für die Welt. Sie sind auch nicht ein Stück Dekoration zum Nutzen des sogenannten Königs der Schöpfung – des Mannes. Nein! Wenn der Mann die Krone der Schöpfung Gottes ist, dann stellen Frauen die Juwelen an dieser Krone dar.

Um die monumentale Wichtigkeit der Erschaffung Evas besser verstehen zu können, wollen wir einen genaueren Blick auf die Sequenz von Ereignissen werfen, die im biblischen Bericht ihrer Schöpfung vorausgingen.

Adam benennt die Tiere

Als klar wurde, dass der Mann eine Gehilfin brauchte, sandte Gott Adam, um alle Tiere im Garten zu benennen (siehe 1. Mose 2,19-20). Wie Adam sie nennen würde, so sollte ihr Name sein. Als Adam damit fertig war, lesen wir: „Aber für Adam fand er keine Hilfe, ihm entsprechend“ (1. Mose 2,20). Ich frage mich nur, warum diese Aussage gleich nach der Benennung jedes Tieres auf Erden durch Adam kommt. Könnte es sein, dass er sich, während er von Tier zu Tier ging, überlegte, ob er eine geeignete Gehilfin unter ihnen entdecken könnte?

Ich kann mir Adam vorstellen, wie er eine Giraffe ansieht. Kopfschüttelnd mag er gemurmelt haben: „Sie ist wunderschön. Ihr gepunktetes Fell ist fein und ihr langer Hals wunderbar, aber ich fürchte, ich würde eine Leiter brauchen, um ihr in die Augen zu sehen!“ Beim Anblick eines Elefanten mag er zuerst von dessen stattlicher Figur angezogen worden sein, dann aber beschlossen haben, dass es zu gefährlich wäre, allzu nah bei so vielen Kilos zu leben. Er könnte ohne jede Vorwarnung zu Tode gequetscht werden!

Die Bibel sagt uns nicht, warum Adam alle Tiere benennen sollte, kurz bevor Eva geschaffen wurde. Es liegt jedoch nicht allzu fern zu spekulieren, dass Gott durchaus im Sinne gehabt haben könnte, Adam erster Hand herausfinden zu lassen, dass kein anderes Geschöpf auf Erden fähig war, die Leere auszufüllen, die er empfand. Gott mag angestrebt haben, Adam klarzumachen, dass als perfekte Gehilfin für Adam die Erschaffung von jemand notwendig war, der auf Erden noch gar nicht existierte.

Eine Gehilfin für Adam

Der Bericht im 1. Mose sagt es am besten:

> Da ließ Gott, der Herr, einen tiefen Schlaf auf den Menschen fallen, so dass er einschlief. Und er nahm eine von seinen Rippen und verschloss ihre Stelle mit Fleisch; und Gott, der Herr, baute die Rippe, die er von dem Menschen genommen hatte, zu einer Frau, und er brachte sie zum Menschen. 1. Mose 2,21-22

Offensichtlich war Adam kein Augenzeuge der Erschaffung Evas – er schnarchte zu dieser Zeit. Nachdem Gott die Rippe entnommen hatte, baute er – wie wir aus der Aussage entnehmen können, dass Gott Eva zu ihm *brachte* – anscheinend seine Werkbank irgendwo anders auf. Als Konsequenz dessen hatte Adam keinerlei Ahnung, was da auf ihn zukam.

Miss Universe 4004 v. Chr.

Was war Adams Reaktion, als er Eva zum ersten Mal zu Gesicht bekam? Sie war zweifelsohne die makelloseste Frau, die je auf dieser Erde lebte. Es gab keine Sünde, daher hatte der mit der Sünde einhergehende Verfall den Planeten noch nicht verunstaltet, am allerwenigsten die soeben erst erschaffene Eva. Ihr Teint muss absolut tadellos gewesen sein. Sie hatte keinerlei Notwendigkeit, Unvollkommenheiten abzudecken oder Make Up zu benutzen, um irgendetwas hervorzuheben, denn sie war einfach – vollkommen!

Stell dir einmal Adam vor, wie er schläfrig aus der göttlichen Narkose erwacht. Früher am Tag war er alle Tiere paarweise durchgegangen, und nun sieht er hier plötzlich etwas absolut Neues, das Gott höchstpersönlich bei seiner Adresse im Garten Eden ablieferte. Was empfand er, wie reagierte er?

Beinahe sprachlos

Da Adam ja die Verantwortung hatte, alle lebenden Wesen zu benennen, gab er ihr einen Namen: „Männin" (1. Mose 2,23). Nachdem er die großartigste Darbietung weiblichen Fleisches gesehen hatte, geschmackvoll in den schöpferischsten Strukturen vom besten Designer des Universums arrangiert, findet er keinen besseren Namen als „Männin"? Das klingt enttäuschend!

Tatsächlich war es jedoch nicht so schlecht, wie es klingen mag. Wenn wir Adams Bemerkungen in einen weiteren Zusammenhang stellen, sehen wir, dass er viel mehr sagte als nur „Männin". Er kreierte tatsächlich ein neues Wort, um zu beschreiben, dass sie alles war, was er war, plus *etwas mehr*! Eva war so anders als all die Tiere, die er soeben benannt hatte, und so sehr wie er selbst („Gebein von meinem Gebein und Fleisch von meinem Fleisch", 1. Mose 2,23). Doch Eva war nicht identisch mit Adam, und diese unbestreitbare Tatsache erforderte die Erschaffung eines neuen Wortes, einfach nur, um sie überhaupt beschreiben zu können. Er sagte also im Grunde: „Du bist alles, was ich bin, plus etwas mehr, das ich nicht identifizieren kann, und deshalb nenne ich dich Männ*in*."

Adams wortkarge Beschreibung ist das moderne Äquivalent zu: „Wow! Was kann ich sagen? Ich bin überwältigt und habe keine Worte! Das ist einfach zu viel für mich!"

Doppelt geläutert

Adam hatte allen Grund, erstaunt, schockiert und überwältigt zu sein, denn das Niveau an Kreativität, das Gott bei der Erschaffung Evas einsetzte, war noch nie zuvor zurückgegriffen worden. Gott schuf Adam, indem er ihn aus *Staub bildete* oder *formte* (siehe 1. Mose 2,7). Dies gilt auch für die Tiere: „Und Gott, der Herr, *bildete* aus dem *Erdboden* alle Tiere des Feldes und alle Vögel des Himmels" (1. Mose 2,19, Schrägdruck hinzugefügt).

In Evas Fall setzte Gott jedoch eine andere Technik ein und gebrauchte vornehmeres Rohmaterial. Anstatt sie aus Staub zu bilden, „gestaltete" sie der Herr (1. Mose 2,22, direkte Übers. aus der NASB-Bibelversion) aus Fleisch und Knochen, die er von Adam genommen hatte. Dies sorgte bei Eva für eine doppelte Verfeinerung, erstens durch das vornehmere Rohmaterial, das benutzt wurde – nämlich menschliches Fleisch und Knochen anstelle von Staub –, und dann durch die Tatsache, dass Gott sie nicht bildete, wie im Falle Adams und der Tiere, sondern gestaltete. Der Unterschied zwischen bilden und gestalten ist so groß wie der Unterschied zwischen einem Haus, das von einem Schreinerlehrling gebaut wird, und einem Haus, das vom besten Architekten designt wird. Gestalten setzt ein größeres Niveau an Kreativität und eine verfeinerte Technik voraus. Wir können zuversichtlich sagen, dass Frauen zweifach verfeinert sind!

Ein großes Mysterium

Das ist auch der Grund, warum Frauen für Männer ein solches Mysterium darstellen. Sie sind wie unzählbare Galaxien, deren Existenz und Tiefe weit über die stärksten männlichen Teleskope hinausreichen.

Als Gott Eva erschuf, tat er mehr als nur das schönste Gesicht auf den wohlstrukturiertesten Körper zu setzen – er schuf ein Mysterium, das in alle Zeitalter reproduziert werden würde. Zuerst sollten die Männer erstaunt sein; am Ende sollte der Teufel zerstört werden.

Ich bete, dass jede Frau, die dieses Buch liest, ihre Augen erheben und mit Gott in Kontakt treten wird, um ihn lächeln zu sehen.

Meine Damen, lasst die Wärme seines Wohlgefallens jedes Blatt im Baum eurer Seelen berühren, das durch die Eiseskälte von Gleichgültigkeit und Unverständnis eingefroren ist. Hört die Stimme des Heiligen Geistes die innersten Kammern eures Wesens durchdringen, während er in feierlicher und eindringlicher Weise verkündet, dass Gott lächelte und sich selbst Sonderkomplimente machte– etwas, was er jedes Mal tut, wenn eine Frau geboren wird.

Nichts bringt dem Teufel mehr Befriedigung, als zu sehen, wie dieser außergewöhnliche Ausdruck göttlicher Kreativität übersehen oder, noch schlimmer, verachtet wird. Dies ist tatsächlich eine Schlüsselkomponente in seiner Strategie, die Frauen niederzuhalten. Es ist ein listiges System von Lügen, das Satan sorgfältig aufrechterhält, um seine Ammenmärchen an den Mann zu bringen, dass Frauen nur eine Beifügung an Dinge seien, nicht jedoch eine Schlüsselkomponente. Nichts könnte weiter von der Wahrheit entfernt sein!

3. Gottes Vertrauenspartner

Stellen wir uns einmal für einen Augenblick eine Welt ohne Frauen vor. Sie hätte keine Fülle an Weichheit, Sanftheit, Pflege und exquisiter Schönheit. Männer haben diese Qualitäten, gebrauchen sie jedoch in geringeren Dosen, während Frauen sie überströmend einsetzen. Ohne Frauen würde diese Welt wie ein Armeecamp aussehen, wo alles weiß oder grau gestrichen wäre, entworfen für Effektivität auf Kosten von Schönheit. Als Resultat all dessen, was einfach an Dingen fehlen würde, die nur Frauen im Überfluss geben können, würde den Planeten ein schreckliches Gefühl von Unvollständigkeit durchdringen.

Die Einzigartigkeit von Frauen

Frauen sind nicht nur auf *eine* Art und Weise einzigartig. Nur ihnen wurde die Fähigkeit anvertraut, Leben zu beherbergen, zu wissen, wie es sich anfühlt, wenn sich ein anderes menschliches Wesen in ihnen entwickelt. Das Vorrecht, einem anderen Leben auf so intimem Niveau Obdach zu geben, wurde ausschließlich Eva und ihren Töchtern verliehen.

Frauen haben auch das Vorrecht, ein Neugeborenes, nicht nur mit der Zärtlichkeit, die auch Väter geben können, zu ernähren, sondern durch die intimste Interaktion zwischen einer erwachsenen Frau und einem Kind: dem Stillen. Stell dir einmal ein Baby an der Brust einer liebenden Mutter vor. Wenn du ihre Augen das kleine Fleischbündel zärtlich beobachten siehst, entdeckst du ein Bild völliger Abhängigkeit, vollkommener Fürsorge und der edelsten Übertragung von Nahrung von einem Wesen zu einem anderen. Nur eine Frau kann dieses Bild malen.

Eine Frau ist auch diejenige, die den Charakter eines Kindes im zarten Alter bis zum fünften Lebensjahr maßgeblich formt. Sie pflanzt in dieser entscheidenden Phase sanfte Gesten in die tiefsten Schichten der formbaren Kinderseele. Wie ein Blumenbeet, dessen Wurzeln den Blicken entzogen sind, werden diese Samen sprießen, wenn das Kind älter wird, und in Form nobler Taten Schönheit über die Erwachsenenlandschaft breitet. Wann werden diese Samen gepflanzt? In den Pflegejahren, wenn ein Kind den Hauptanteil seiner Zeit mit einer Frau verbringt – seiner Mutter.

Gott hat diese einzigartigen Qualitäten der Frauen in strategischen Momenten der Geschichte gebraucht. Wir müssen nur einmal einen Blick auf die biblischen Berichte werfen, um zu sehen, dass Gott Frauen nicht als Bürger zweiter Klasse betrachtet. Frauen waren nicht nur einfache Soldaten in Gottes Armee. Ihnen wurde vielmehr die Rolle von Schlüsselspielern anvertraut. Sie empfingen entscheidende Aufgaben und hatten vollen Anteil an der Frucht des Sieges.

Gottes Topkommando

Die Geburt Jesu bahnte die Erfüllung der Drohung Gottes gegenüber dem Teufel an. Als die Zeit kam, vertraute Gott die empfindlichste Geheimkomponente seiner Strategie zur Erlösung der Menschheit – wie er plante, den Messias in Feindesgebiet einzuschleusen – einer Frau an: Maria. Zu einer Zeit, wo die Veruntreuung solcher Information das göttliche Unterfangen hätte gefährden können, zog Gott eine Frau ins Vertrauen.

Wenn jemand meint, Maria verdiene dafür keinerlei Lob, dann überlege er nur einmal, wie sie im Vergleich mit Zacharias abschnitt, der eine ähnliche, wenn auch bei weitem nicht so dramatische Offenbarung empfing. Als der Engel beiden verkündete, dass sie Wunderbabies bekommen würden – Zacharias durch eine Aufhebung der Unfruchtbarkeit seiner Frau und Maria durch Jungfrauengeburt, stellte jeder von ihnen Fragen. Als Antwort darauf wurde Zacharias mit Stummheit bestraft, während der Engel Maria lobte. Warum dies? Weil die Nachforschungen des Zacharias von Unglauben motiviert waren, während die Fragen Marias ein aufrichtiges Verlangen widerspiegelten, Gottes Botschaft besser zu verstehen.

Der erste Beschützer Jesu

Es war eine Frau, die als erste das Fleisch gewordene Herz Gottes hörte, während es sich in ihr entwickelte. Es waren ihre Hände, die als erste den Leib Jesu berührten und in Windeln wickelten – das erste „von Frauen gemachte“ Gewand Gottes. Überlege nur einmal, was das bedeutet: Der allmächtige Gott, Schöpfer und Erhalter des Universums, nahm die Gestalt eines Babies an und war von der Fürsorge eines seiner Geschöpfe abhängig. Wer kümmerte sich um seine Bedürfnisse, als Gott menschliches Fleisch mit all dessen Begrenzungen anzog? Eine Frau! Sie war der erste Lehrer Jesu, und sie wurde seine erste Jüngerin. Kein anderer Mensch kannte Jesus so intim wie sie.

Die weibliche Heldengalerie

Sowohl das Alte wie auch das Neue Testament sind mit inspirierenden Zeugnissen von kühnen und intelligenten Frauen gespickt, auf deren Schultern das Schicksal von Städten, Stämmen und Nationen ruhte.

Es war Moses Mutter, die zusammen mit seinem Vater das völkervernichtende Dekret Pharaos herausforderte, als sie das Leben dessen rettete, der später Millionen von Hebräern in die Freiheit führen sollte. Es war eine andere Frau, Mirjam, die listig eine unerlässliche Verbindung zu Moses Verwandtschaft herstellte, indem sie weise vorschlug, die leibliche Mutter des Babies zu seiner Ziehmutter zu machen.

Rahab hielt die Schlüssel zur Eroberung Jerichos in der Hand. Indem sie diese in die richtige Richtung drehte, stellte sie den Fall der befestigten Stadt sicher. Es war Hannah, die Gott um die Geburt Samuels, des größten Propheten und Richters, den Israel je erlebte, anflehte. Es war Deborah, eine illustre Richterin und echte Prophetin, die Israel vor den mächtigen Kriegswagen Jabins, des unterdrückenden Königs von Kanaan, erlöste und ihn und seinen leitenden General Sisera mit der Hilfe einer weiteren Frau, Jael, vollkommen auslöschte.

Es war Königin Esther, die mutig ihr Leben aufs Spiel setzte, um ihre gesamte Nation, Gottes Volk, zu retten, als es sich in der Gefahr eines massiven Völkermordes befand.

Gott selbst nannte Sara eine „Mutter von Nationen“ (1. Mose 17,16). Folglich finden wir sie unter den Glaubenshelden in Hebräer 11 aufgelistet.

Priscilla: Mehr als nur eine Plätzchenbäckerin

Als Apollos fehlerhafte Theologie lehrte, waren es Priscilla und Aquilla, die ihn beiseite nahmen und korrigierten (siehe Apg. 18,26). Diese Bibelstelle sagt nicht, dass Priscilla Plätzchen buk, während Aquilla Apollos lehrte, sondern dass *sowohl* Priscilla *als auch* Aquilla Apollos lehrten. Dies ist signifikant, weil Apollos nicht ein Amateurprediger war. Er war „ein beredter Mann, der mächtig war in den Schriften... im Wege des Herrn unterwiesen... brennend im Geist... redete“ und die Heilige Schrift „sorgfältig“ (Apg. 18,24-25) und dennoch unvollständig lehrte.

Die Tatsache, dass Priscilla im Zusammenhang mit dem Dienst als erste aufgezählt wird (siehe Apg. 18,18;25), unterstreicht die Prominenz ihrer Rolle und bezeugt, dass sie nicht minderwertig war und Aquilla in nichts nachstand[4].

Eine feste Säule in der Urgemeinde

Einer der Hauptgründe, warum sich das Christentum in den Anfangsjahren so schnell ausbreitete, findet sich darin, dass seine Botschaft der Hälfte der Weltbevölkerung Ehre und inneres Wertgefühl zurückgab – den Frauen. Die Römer hatten ein so niedriges Verständnis von Frauen, dass Männer für gewöhnlich in ihrer Freizeit Entspannungssex mit anderen Männern hatten, weil Frauen als von Geburt her minderwertig angesehen wurden. Jüdische Rabbis brachten die Frauen in der Synagoge zu völligem Schweigen. Die Heiden gebrauchten Frauen als Tempelprostituierte.

Frühe Kirchenväter würdigten jedoch die Frauen, indem sie lehrten: „...da ist nicht Mann und Frau; denn ihr alle seid einer in Christus Jesus“ (Gal. 3,28). Sie handelten gemäss ihrer Lehre, indem sie Frauen in Positionen von Ehre und Leiterschaft einsetzten. Priscilla war Teil des Teams, das die Gemeinde in Ephesus gründete – dem Ort der größten in der Apostelgeschichte festgehaltenen geistlichen Konfrontation.

Sie war dort, mitten im Zentrum der Kraft Gottes, als Artemis entthront und die dämonische sozioökonomische Struktur niedergerissen wurde, die Ephesus in ihrem Bann gehalten hatte.

Frauen werden auch in vielen der Briefe ohne jede Entschuldigung als Säulen des Glaubens gepriesen. Paulus benannte zwei Frauen als Grundleger des Glaubens von Timotheus: seine Mutter und seine Großmutter. In einem Brief, der zur weiten Verbreitung und öffentlichen Lesung gedacht war, pries Paulus neun Frauen als Personen, die Glauben, Mut und einen erprobten Dienst hatten (siehe Röm. 16,2-16).

Der erste Bekehrte

Der erste Bekehrte Europas war eine Frau Lydia – und ihr Haushalt war der erste, der getauft wurde (siehe Apg. 16,14-15). Sie war in der Tat sehr ausdrücklich in ihrem Umgang mit den Aposteln: „...*bat* sie und sagte: Wenn ihr urteilt, dass ich dem Herrn treu sei, so kehrt in mein Haus ein und bleibt. Und sie *nötigte* uns“ (Apg. 16,15, Schrägdruck hinzugefügt).

Drei Jahrhunderte später war die treibende Kraft hinter der Bekehrung Konstantins und der darauffolgenden Christianisierung des Römischen Reiches wieder eine Frau, Helena, die Mutter des Kaisers.

Jesu letzter Akt freundlicher Güte

Während sich die meisten Jünger Jesu verschreckt in einiger Distanz versteckt hielten, standen treue Frauen am Kreuz. Er hing dort nackt, nicht allzu weit entfernt von dem Ort, wo die Soldaten über sein Gewand das Los geworfen hatten. Er fühlte sich von seinem eigenen Vater verlassen, ertrug unbeschreibliche Pein, und dennoch galt seine letzte irdische Sorge einer Frau, seiner Mutter. Der Schmerz, den er verspürte, konnte nicht die Erinnerung daran trüben, wie sein irdisches Leben unter ihrer Fürsorge begonnen hatte. Und nun, als sein Leben dem Ende zuging, stand sie mutig mit durchbohrtem Herzen an seiner Seite. In seinem letzten Akt von Güte vertraute er sie der Fürsorge seines geliebten Jüngers an (siehe Joh. 19,26-27).

Geistliche Dinge wahrnehmen

Frauen haben eine außerordentliche Sensibilität für geistliche Dinge. Deshalb war Jesus fähig, zwei der gewaltigsten Wahrheiten in den Evangelien Frauen zu offenbaren. Er offenbarte sich Marta als die Auferstehung und das Leben (siehe Joh. 11,25-27), und er offenbarte sich der Samariterin als das Lebenswasser (siehe Joh. 4). Diese Frauen waren sichtlich durcheinander, als Jesus sie antraf, und doch waren beide fähig, tiefe Wahrheiten zu hören, zu verstehen und zu glauben. Denk nur einen Moment an die Millionen von Menschen, deren Leben in den vergangenen 2000 Jahren durch diese Wahrheiten verändert worden sind!

Dienst am Herzen Jesu

Die Männer, die Maria Magdalenas edlen Akt der Anbetung beobachteten, beschuldigten sie der Verschwendung einer sehr kostbaren Flasche Parfüms. Sie verstanden ihre Handlungen absolut falsch, indem sie nur durch ein rein finanzielles, kosteneffizientes Raster hindurch sahen. Jesus wies diese Männer zurecht und erklärte, dass Maria Magdalena große geistliche Weitsicht bewiesen hatte, weil sie seinen Leib für das Begräbnis bereit machte. Da er den nahe bevorstehenden Verrat und die Verstoßung voraussah, war er von Schmerz überwältigt. Sein Herz war von Schmerz bedrückt. Er brauchte jemand, der ihm dienen würde. Es war eine Frau, die diese Notwendigkeit sah und das Wertvollste, was sie besaß, aufwandte, um ihn zu trösten.

Zerbrochenheit

Eli klagte Hannah an, sie sei betrunken, als sie in Wahrheit aufrichtig vor dem Herrn zerbrochen war. Viele Male werden weibliche Akte der Anbetung als emotional oder störend abgetan. Frauen werden oft beschuldigt, zu euphorisch zu sein, doch das ist nicht unbedingt wahr.

Im wesentlichen sind Frauen nicht gottesfürchtiger als Männer, aber sie sind definitiv geistlicher. Damit meine ich, doch sie die Fähigihnen erlaubt, Anbetung auf intensivere Art und Weise zu erleben.

Großzügigkeit

Gott kann immer auf weibliche Großzügigkeit zählen, wenn Notlagen in seinem Reich auftreten. Er sandte Elia inmitten einer schrecklichen Hungersnot ins Haus einer Witwe. Elia bat um alles, was sie hatte, und sie gab es ihm (Siehe 1. Kön. 17,13-15).

Eine Gruppe von Frauen nutzte ihre persönliche Habe, um den Dienst Jesu zu unterstützen (siehe Lk. 8,3). Kein Mann wird in den Evangelien ausdrücklich als finanzieller Unterstützer Jesu gezeigt.

Mut

Frauen setzten ihr Leben am Auferstehungsmorgen mutig aufs Spiel, indem sie das Grab eines verurteilten Kriminellen besuchten, dessen Leib rund um die Uhr unter militärischer Bewachung stand. Auch Maria, die Mutter des Markus, beherbergte furchtlos eine große Gebetsveranstaltung, während Herodes stadtweit das Blut der Apostel vergoss (siehe Apg. 12,12). Ebenso stellte Lydia in einer Zeit gewalttätiger Verfolgung der ganzen Gemeinde ihr Haus zur Verfügung (siehe Apg. 16,40).

Glauben

Frauen glauben Gott mit großer Bereitwilligkeit. Als Gott sprach, hatte Deborah keinerlei Zweifel, dass Gott die Israeliten von der Armee Siseras befreien konnte. So stand auch Maria fest in ihrem Glauben, dass sie ein Kind bekommen konnte, obwohl sie Jungfrau war. Die Frauen am Grab akzeptierten die Botschaft der Auferstehung in ihrem tiefen Schmerz ohne Zögern.

Nachdem die Apostel dasselbe leere Grab wie die Frauen gesehen hatten, schlossen sie sich aus Furcht vor den Juden ein (siehe Joh. 20,19), und Thomas verlangte einen handfesten Beweis der Auferstehung Jesu, obwohl Jesus genau vor ihm stand! Höchstwahrscheinlich dachte Jesus an die Frauen, als er Thomas zurechtwies: „Glückselig sind, die nicht gesehen und doch geglaubt haben“ (Joh. 20,29).

Die Samariterin, die geistlich instabil und durcheinander war, wurde zu einem Instrument in der Evangelisierung einer ganzen Stadt, nachdem sie geglaubt hatte, dass Jesus das Wasser hatte, das sie so sehr brauchte (siehe Joh. 4,39-42). Indem er am Auferstehungssonntag zuerst den Frauen erschien, machte Jesus sie zu den ersten Botschaftern, den ersten Evangelisten, den ersten Propheten, den ersten Lehrern und den ersten Zeugen seiner Auferstehung. Das ist kein geringes Vorrecht!

Frauen spielen eine Schlüsselrolle!

Frauen haben in Gottes Strategie immer eine Schlüsselrolle gespielt. Sie sind weder das schwächere Geschlecht noch ein Nachgedanke in Gottes Meisterplan.

Die Körper von Frauen sind zerbrechlicher, aber definitiv nicht schwächer als die Körper von Männern. Eine Tasse aus chinesischem Porzellan ist zerbrechlicher als ein Zinnbecher, aber auch viel schöner. Das kräftige Schlagzeug und die delikate Violine werden beide gebraucht, um Musik zu machen. Im Leben sind Männer die Schlagzeuge und Frauen die Violinen. Frauen sind unabkömmlich, wenn die Welt jene sanften, hohen Töne hören soll. Sie sind nicht ein Vorwort, ein Nachtrag oder ein Anhang an Männer. Ohne Frauen wäre die Erzählung nicht vollständig. Dank der Frauen ist das Buch noch viel besser.

Damals im Garten Eden

Erleben wir doch noch einmal den Augenblick nach dem Sündenfall, als Eva neben Adam stand und Gottes Fragen ausgesetzt war. Der Teufel möchte dieses Bild in der Erinnerung der Frauen im negativsten Licht erscheinen lassen. Er möchte Eva als das schwache Glied erscheinen lassen – als diejenige, die der Menschheit soviel Misere gebracht hat. Wenn sie auch betrogen wurde und in Übertretung fiel, lass uns nicht einen anderen *wichtigen Punkt* übersehen: Eva war diejenige, die den Feind identifizierte! Trotz der Scham, die sie empfand, verstand Eva und beschrieb akkurat, was geschehen war und wer der Verführer war, womit sie Gott den Weg bereitete, das Gegenspiel anzukündigen. Ihre Worte sind die einzigen schlüssigen menschlichen Worte, die gesprochen wurden.

Stärken wir uns, indem wir diese Bibelstelle in 1.Mose 3 einmal ohne die verdrehende Brille betrachten, die der Feind so lange gebraucht hat. Genau wie Eva wissen die Frauen, wer der Feind ist. Außerdem weiß Satan, dass *ihr* Same ihn letztendlich zerstören wird.

Es ist Zeit für eine Veränderung. Es ist an der Zeit, dass Frauen nicht mehr länger auf Satans herabwürdigende Bemerkungen hören, die so oft durch diejenigen kanalisiert werden, die auf das Äußere schauen und den Reichtum übersehen, der in ihnen verborgen liegt. Frauen brauchen keine menschliche Plattform, um gehört zu werden, denn Gott hat ihnen eine beachtliche geistliche Höhe gegeben, von der aus sie sprechen können. Sie sind als Menschen geschaffen, die Einfluss haben und Dinge formen. Nirgends ist dies wichtiger als dort, wo es sich um Schlüsselrollen in Gottes strategischen Plänen geht.

4. Musik des Herzens

Frauen wecken in Männern die intensivsten Gefühle. Dichtkunst, Schauspiel, Lieder und Musik spiegeln die Tiefe und Intensität dieser Gefühle in einem niemals endenden harmonischen Strom wider. Von den Müttern, die sie als erste in ihrem Schoss hielten, über die Frauen, die sie mit ihren Armen umgaben, bis hin zu den Töchtern, die sie auf ihren Schultern trugen – Männer hatten schon immer eine äußerst innige Beziehung zu Frauen. Nichts kann das Herz eines Mannes so berühren wie eine Frau. Sie vermag Quellen von Zärtlichkeit überall auf der rauen Oberfläche seiner Seele hervortreten zu lassen.

Verloren im Meer der Liebe

Ich erinnere mich lebhaft an den Tag, an dem ich als Teenager ein Bild sah, das mein Leben verändern sollte.

Kurz nachdem ich Christ geworden war, schloss ich eine Abmachung mit Gott. Ich sagte ihm, ich wolle nicht eine Reihe von Mädchen kennenlernen, um herauszufinden, welches ich heiraten sollte. Stattdessen war ich entschlossen, darauf zu warten, dass er mir sagen würde, wenn die Richtige gekommen war. Es war nicht einfach, aber ich hielt mein Versprechen. Genau wie die Athener *zu* dem unbekannten Gott beteten, so betete ich *für* das unbekannte Mädchen, das Gott irgendwo für mich bereit hatte.

Ein paar Jahre später zeigte mir ein Freund ein Foto einer Familie mit mehreren Mädchen. Plötzlich hörte ich den Herrn zu mir sagen: „Das Mädchen rechts unten ist diejenigen, die ich für dich eingeplant habe.“ Ich holte mir augenblicklich ein Vergrößerungsglas und versicherte Gott, dass er einen ausgezeichneten Geschmack hätte!

So begeistert ich auch war – es gab wenig, was ich tun konnte, denn das Mädchen lebte in einer anderen Provinz, Hunderte von Kilometern entfernt, und besuchte die Kirche einer Denomination, die seit Jahren meiner Denomination feindlich gegenüberstand.

Sogar wenn sie in meiner Stadt gelebt hätte oder wir kommunizieren hätten können, war das Kennenlernen unter Christen zu jener Zeit in meinem Geburtsland ein äußerst komplizierter Prozess. Ein potentieller Kandidat musste zu einem Besuch eingeladen werden, und dies erforderte einen Fürsprecher. Wenn das Mädchen ihn mochte, musste bei ihren Eltern um Erlaubnis gebeten werden, eine Verlobungszeit einzugehen. Wurde dies gestattet, war Händchenhalten das Höchste der Gefühle, bis weitere Erlaubnis erteilt wurde. Auf strikt menschlicher Ebene waren meine Chancen, mit ihr in Kontakt zu treten, bestenfalls mager.

Doch Gott hat seine Wege, um seinen Willen geschehen zu lassen. Juan Carlos Ortiz[5] heiratete die Schwester des Mädchens auf dem Bild, und sie beschlossen, die Heiratsfeier in meiner Heimatstadt abzuhalten. Die ganze Familie wurde erwartet. Was ich nicht wusste, war, dass etwa zu derselben Zeit, als ich Gottes Botschaft hörte, jenem Mädchen ebenfalls ein Bild unserer Jugendgruppe gezeigt worden war, und sie Gott zu sich hatte sagen hören: „Der große junge Mann in der schwarzen Lederjacke ist derjenige, den ich für dich geplant habe.“ Als sie in die Stadt kam, waren wir beide darauf aus, einander auszuspionieren, ohne zu wissen, dass der andere dasselbe tat!

Am Tag ihrer Ankunft ging ich zum Haus meines Pastors zu einem „spontanen“ Besuch, und da war das Mädchen. Im Augenblick, als ich in ihre grünen Augen sah, war ich verloren, in ein smaragdgrünes Meer geworfen. Ihr Haar war ein Berg aus Gold. Ihre vollkommenen Zähne, die von wunderschönen Lippen umgeben und von Grübchen waren, fügten einen unglaublichen Rahmen zu einem exquisiten Gemälde. Sie besaß eine perlende Altstimme, und als sie ihre Gitarre nahm und zu singen begann, hatte ich das Gefühl, in den Himmel entrückt zu sein.

Sie berührte mein Herz wie nichts jemals zuvor. Ich wusste, dass ein Strom der Liebe existierte, hatte jedoch keine Ahnung, wie stark er war, bis er in meine Seele eindrang. Von jenem Tag an sollte mein Leben nie mehr dasselbe sein. Wenn es auch sieben Jahre dauern sollte, bis wir Hand in Hand vor dem Altar standen, war ich doch von dem Mädchen vom ersten Tag an gefangengenommen, als ich sie sah. Alle meine Emotionen wurden von ihr eingenommen. Ich hatte meine Augen zur Mittagszeit in die Sonne gerichtet und war unfähig, irgend jemand sonst zu sehen. Oasen von Romantik brachen in meiner Seele auf. Wieder einmal – wie so unendliche Male seit Anbeginn der Welt, hatte eine Frau einen Mann angerührt und für immer verändert.

Jenes Mädchen, das ich zuerst auf einem Foto sah, ist heute meine Frau, Ruth. Zusammen bauten wir ein Nest voller Liebe, in dem vier wunderbare Töchter, Karina, Marilyn, Evelyn und Jesica, geboren wurden und aufwuchsen.

Die dunkle Seite des Mondes

So wie Frauen fähig sind, die nobelsten Gefühle im männlichen Herzen hervorzurufen, so können sie auch die tiefsten Verletzungen verursachen. Die Musik bezeugt das. Von den weichen Klagen der Country Music-Balladen bis hin zum zornigen Schrei des Tango bezeugen die Tiefe solchen Schmerzes. Paare, die sich gestern am Altar umarmten, verfallen heute dem Alkohol, um den Schmerz zu töten, der ihre einst blühende Liebe erstickt. Wie kann etwas, das so wunderschön in einem Blumenbeet begann, so tragisch in einem Grab enden?

Die Wurzel des Problems geht bis zum Anbeginn der Welt zurück. Jede Sünde beeinträchtigt Beziehungen auf zwei Ebenen: vertikal, zwischen Menschen und Gott, und horizontal, zwischen zwei oder mehr Menschen. Als Adam und Eva Sünde erlebten, brachen sie nicht nur die Gemeinschaft mit Gott, sondern auch die Gemeinschaft miteinander. Die vollkommene Intimität, die sie einst genossen hatten, war zerstört. Derselbe Adam, der wenige Tage zuvor Eva als „Gebein von meinem Gebein, Fleisch von meinem Fleisch" beschrieben hatte und das Wort „Männin" einführte, um sie zu beschreiben, enteignete und verklagte sie nun vor Gott als Ursache seiner geistlichen Misere.

Die erste Sünde schuf eine Kluft zwischen Mann und Frau, den Geschlechterkonflikt, der die älteste horizontale Kluft darstellt. Seit jenem traurigen Tag im Garten Eden haben Männer und Frauen unter den Konsequenzen gelitten, von denen die zerstörerischeste der schreckliche Zustand von Unvollständigkeit für beide ist, wenn sie nicht in Harmonie miteinander leben. Dies wiederum hat dem Teufel einen gewaltigen Vorteil verschafft. Nirgends hat das Axiom „spalte und erobere“ höhere Dividenden eingebracht als dort, wo Satan es auf die Geschlechterkluft anwandte.

Jane Hansen, Präsidentin von Aglow International, drückt die Dringlichkeit und Relevanz dessen aus, als sie sagte: „Als Gott Adam schuf, erschuf er ihn in seinem eigenen Ebenbild, männlich und weiblich. Beide Komponenten lagen in Adam vor. Als Gott einen Teil von Adam nahm, um Eva zu erschaffen, wurde er vollständig männlich, während sie der weiblichen Dimension Gottes Gestalt verlieh. Es ist dringend notwendig, dass Männer und Frauen miteinander versöhnt werden, um so Gottes Ebenbild vollkommen auf Erden sichtbar werden lassen.“[6] Jane Hansens Punkt kann gar nicht genug betont werden: Männer und Frauen *müssen* versöhnt werden, um Gott auf Erden widerspiegeln zu können!

Der erste Verlust

Christus kam, um das, was verloren war, zu suchen und zu erretten. Auf horizontalem Niveau war der erste Verlust die Intimität und Gleichstellung zwischen Mann und Frau. Seine Konsequenzen erstrecken sich über alle Zeitalter. Die Notwendigkeit von Ganzheit zwischen Geschlechtern reicht viel weiter als nur zwischen Mann und Frau. Sie beeinträchtigt Institutionen, weltlich sowie religiös, ebenso wie Familien.

Wenn auch das Alte Testament mit einer so hoffnungsfrohen prophetischen Bemerkung endet, dass in den letzten Tagen Gott die Herzen der Eltern ihren Kindern zuwenden wird (siehe Mal. 4,4-6), müssen doch die Eltern erst miteinander versöhnt werden, damit dies geschehen kann. Versöhnung ist notwendig, weil viele, wenn nicht alle, Probleme der heutigen Jugend nur sichtbarer Ausdruck von verborgenen Wurzeln sind, die unter ungelösten Geschlechterfragen verborgen liegen, die ihren Ursprung im Garten Eden haben.

Der Antikörper

Versöhnung zwischen Männern und Frauen ist der Schlüssel. Doch innerhalb dieses Schlüssels liegt ein anderer: die Wiederherstellung der Frauen. Männer bauen Häuser, aber Frauen machen sie zu Heimen. Es ist diese außergewöhnliche Fähigkeit zu pflegen und zu nähren, die bestätigt und freigesetzt werden muss.

Wie Eva im Garten Eden, sind Frauen vom Teufel immer wieder angelogen worden. Wie Adam an jenem schicksalsträchtigen Tag verschwören sich viele Männer durch ihr Schweigen und ihre richtenden Worte mit ihm. Die Konsequenzen sind schmerzlich und haben epidemische Ausmaße angenommen, weil jede Generation mit diesem Virus geboren wird.

Wenn auch der Tod Jesu alles verändert hat, so sind sich doch die meisten Menschen, sogar Christen, immer noch nicht bewusst, dass ein göttliches Gegenmittel zur Verfügung steht. Christus selbst impfte sich mit den tödlichen Bakterien und überwand sie, um lebensrettende Antikörper zu produzieren. „Denn ihr alle, die ihr auf Christus getauft worden seid, ihr habt Christus angezogen. Da ist nicht... Mann und Frau; denn ihr alle seid einer in Christus Jesus" (Gal. 3,27-28).

Es ist höchste Zeit, dass die Kette der Verzweiflung zerbrochen wird und Frauen den Ehrenplatz einnehmen, den Christus für sie hat. Dies ist nicht eine passive Platzierung. Ganz im Gegenteil, sie liegt mitten an der vordersten Front der Pläne Gottes. Gott eröffnet die Bibel mit einer Drohung an Satan: „Ich werde Feindschaft setzen zwischen dir und der Frau" (1. Mose 3,15) und endet mit einem Bild einer Stadt, wo große Menschenmengen in alle Ewigkeit mit Gott zusammenleben, weil *ihr* Same (Jesus) Satans Kopf zertreten hat (siehe Offb. 21).

Der Tag naht schnell heran, wo Frauen auf aller Welt das Wort hören werden: „Kämpfe!" – und sie werden kämpfen. Dazu müssen jedoch Männer und Frauen erst einmal das Netz subtiler Lügen bemerken, dem sie geglaubt haben und durch das Frauen niedergehalten wurden.

Die Kraft hinter diesen Lügen ist der Mangel an Versöhnung zwischen den Geschlechtern. Dadurch werden nicht nur Frauen eingekerkert, sondern auch die Männer, weil sie nie all das sein können, wozu sie bestimmt sind, bis sie wieder mit der *Gehilfin* in Verbindung stehen. Ohne diese neuerliche Verbindungsaufnahme sind sowohl Männer als auch Frauen ganz und gar unvollständig.

Frauen sind tatsächlich die Musik des Herzens. Wenn sie ignoriert oder missbraucht werden, ist das so, als würden mitten in einem Konzert die Blech- und Saiteninstrumente versagen. Noch schlimmer – wenn Frauen missbraucht werden, werden die Instrumente irreparablen Schaden erleiden, wie wir im nächsten Kapitel sehen werden.

5. Geistlicher Missbrauch: Mord mit Schalldämpfer

Es war der erste Abend einer Konferenz, bei der ich Hauptredner war. Ich hatte mich im Gebet vorbereitet, und als mich der gastgebende Pastor vorstellte, war ich bereit zu dienen. Als ich mich der Kanzel näherte, vertraute mir Gott auf die ungewöhnlichste Art und Weise äußerst persönliche Tatsachen über eine Person in der Versammlung an.

Meine Augen wurden auf eine Dame in der ersten Reihe gelenkt, die ich nie zuvor gesehen hatte. Sie war Mitte Fünfzig, klein, und hatte kurzes braunes Haar. Was meine Aufmerksamkeit erregte, war nicht ihre äußere Erscheinung, sondern die vertrauliche Information, die mir Gott ihr bezüglich in mein Herz gelegt hatte. Er zeigte nur, dass sie ein Opfer von Inzest war und – noch schlimmer, ihr Vater der Täter. Gott zeigte mir auch, dass sie eine gespaltene Persönlichkeit hatte und nicht nur einmal, sondern zweimal versucht hatte, ihr nahestehende Menschen umzubringen.

Es versteht sich von selbst, dass diese Art von Information nicht der ganzen Versammlung mitgeteilt werden kann. So fragte ich den Herrn, was ich damit tun solle, und empfing von ihm die Antwort, abzuwarten. Die nächsten zwei Tage diente ich wie erwartet von der Kanzel aus. Am letzten Tag, als der Pastor und ich in seinem Studierzimmer zu Mittag aßen, sagte er: „Bruder Ed, ich frage mich, ob du uns bei einem äußerst schwierigen Fall helfen könntest."

Ohne zu zögern antwortete ich: „Geht es um eine Dame Mitte Fünfzig, klein, braunhaarig?" Er bejahte, und ich fuhr fort: „Ist sie das Opfer von Inzest, und war ihr Vater der Täter?" Dem Pastor blieb der

Mund vor Erstaunen offen stehen, als ich endete: „Hat sie eine gespaltene Persönlichkeit, und hat sie versucht, Menschen umzubringen?"

Erstaunt fragte er: „Wer hat dir das gesagt?"

Ich antwortete: „Gott." Der Pastor sprang auf und holte die Frau herein. Als sie mit dem Pastor in den Raum kam, erzählte sie mir die traurigste Geschichte, die ich je gehört habe.

Ihr Vater hatte sie vom Krabbelalter an systematisch sexuell missbraucht. Nicht eine Woche verging, ohne dass er sich ihr aufgezwungen hätte, manchmal täglich. Sie sagte mir, dass sie im Alter von sieben endlich den Mut aufbrachte, ihrer Mutter davon zu erzählen, was ihr Vater ihr antat. Anstatt ihre Tochter zu schützen, klagte die Mutter sie an, sie hätte sich das alles nur ausgedacht. Die Mutter schlug sie grausam und verbot ihr, ihre Großmutter zu besuchen, was alles nur noch schmerzhafter machte. Dies war grausamer als die körperlichen Schläge, denn die Besuche bei ihrer Großmutter waren ihre einzige Fluchtmöglichkeit vor dem sexuellen Missbrauch. An jenem Tag beschloss sie, Selbstmord zu begehen, und sprang in einen reißenden Fluss. Sie wurde im letzten Moment gerettet, aber der Missbrauch ging weiter.

Auf der Hochschule hatte diese Dame versucht, ihre Pulsadern aufzuschneiden, wurde jedoch wieder gerettet. Zum Ende ihrer Teenagerzeit, nachdem ihr Vater sie vergewaltigt, am Boden herumgetreten und voller Wut den Raum verlassen hatte, tat sie einen Schwur. Sie schwor, ihn gnadenlos zu töten, sobald sie nur genug Geld hatte, um sich eine Pistole kaufen zu können. Obwohl sie diese Drohung nicht ausführte, wurde ihr Leben im Schatten dieses Schwurs nur noch elender.

Ich konnte die Qual in ihr und um sie herum körperlich spüren. Wellen von Schmerz quollen aus ihr hervor und erfüllten schließlich den ganzen Raum. Sie sagte mir, dass sie fünf verschiedenen Persönlichkeiten gehabt hatte, bevor sie Christ geworden war. Nach ihrer Bekehrung verschwanden zwei dieser Persönlichkeiten, doch eine von den drei übrigen war äußerst gewalttätig und ließ sie die Kontrolle verlieren. Zweimal stand sie kurz davor, Menschen aus ihrem engsten Familienkreis umzubringen. Das erste Mal versuchte sie ihren Mann mit dem Familienauto zu überfahren. Das zweite Mal tötete sie beinahe beim Kochen eines ihrer Kinder mit einem Messer.

Sie heftete ihre schmerzerfüllten Augen auf mich und fragte: „Warum? Warum ist mir das geschehen?" Ihr Blick spiegelte den tiefsten und schrecklichsten Abgrund von Leid wider. Sie war am Boden aufgeprallt und lag nun zerschlagen und hilflos in einem Berg von Dreck.

Sexueller Missbrauch

Sexueller Missbrauch, wie diese Frau ihn erlebt hat, findet in einem Kontext brutaler Gewalt statt, was die Entsetzlichkeit der Tat augenscheinlich und unleugbar macht. Zweifellos trägtSatan solchen Missbrauch zu jeder Person und jeder Gelegenheit, wo er nur kann. Es ist ebenso klar, dass Gott sexuell missbrauchte Frauen aus dem Dreck ziehen will und kann.

Geistlicher Missbrauch

So traumatisch sexueller Missbrauch auch ist, eine andere Art von Missbrauch ist ebenfalls weit verbreitet: Ich nenne ihn geistlichen Missbrauch. Solche Vergewaltigungen geschehen für gewöhnlich im religiösen Umkreis, oft mit inspirierender Musik im Hintergrund und Bibelgehämmer im Vordergrund. Er sieht so korrekt aus, dass es wie Gotteslästerung erscheinen würde, wollte man sich dagegen aussprechen. Als Resultat dessen bleibt er in der Gemeindewelt weitgehend unangerührt.

Warum werden Frauen missbraucht? Warum werden sie vergewaltigt, nicht nur sexuell, sondern auch geistlich? Warum wird so vielen geprügelten Frauen von „geistlichen“ Seelsorgern aufgetragen, sich missbrauchenden Ehemännern blind unterzuordnen – ein Ratschlag, der schon häufig zu katastrophalen Konsequenzen geführt hat?

Warum werden Geistesgaben, die Frauen anvertraut wurden, so häufig als vom Fleisch oder vom Teufel kommend abgetan? Einige Frauen sind vielleicht nicht sexuell missbraucht worden, doch die anderen Arten von Schmerz, die ihnen zugefügt wurden, können mindestens ebenso schlimm sein, weil ihre Gaben von Menschen abgeurteilt werden, denen zu vertrauen und die zu ehren sie gelehrt worden sind. Immer wieder werden Frauen einzig und allein aufgrund ihres Geschlechts disqualifiziert.

Immer in der Verteidigerposition

Während die Opfer sexuellen Missbrauchs augenblicklich Sympathie und Hilfsbereitschaft erregen, werden Frauen, die zu Opfern geistlichen Missbrauchs geworden sind, als rebellisch, ehrgeizig und unweiblich angesehen – nur allzu oft wird ihnen vorgeworfen, sie hätten den Geist der Isebel. Die gegen Frauen vorgebrachten Anschuldigungen sind häufig nett in Bibelverse verpackt. Es ist, als würde man mit einem Gewehr mit Schalldämpfer getötet. Kaum ein Ton ist zu hören, doch die Kugel ist unwiderruflich tödlich.

Warum werden Frauen in der Gemeinde nach 2000 Jahren frei fließender Gnade immer noch zurückgehalten? Warum dürfen ihre Stimmen nicht zu hören sein, außer als Backgroundgesang für Männer? Warum müssen sie ständig beweisen, dass ihnen Gott Geistesgaben anvertraut hat? Warum müssen sie beweisen, dass ihre Salbung ebenso echt ist wie die von Männern?

Es scheint auch keinen Unterschied zu machen, ob die Person eine junge aufstrebende Frau Gottes in Lateinamerika ist oder Anne Graham Lotz, die Tochter des weltberühmten Evangelisten Billy Graham, die von ihrem Vater den Mantel für Evangelisation geerbt hat. Anscheinend müssen Frauen, ganz egal wer sie sind oder was sie im Dienst zu tun versuchen, ständig ihre Legitimität beweisen. Es zählt einfach nicht, dass sie gottesfürchtig sind oder dass ihr Dienst unbestreitbar Gott Ehre bringt. Nur allzu oft interessiert einfach nicht, dass Menschenmengen durch ihre Arbeit errettet und erbaut werden.

Wenn die Person eine Frau ist, werden die Resultate automatisch in Frage gestellt, für gewöhnlich von Männern. Nach einem Grund gefragt, lautet ihre Antwort oft: „Sie ist eine Frau. Sie sollte das nicht tun." Es klingt, als würde ein AIDS-Fall diskutiert: Der Träger muss in Quarantäne gesteckt und der Virus zerstört werden. Dies alles stellt geistlichen Missbrauch dar.

Wenn Frauen aufschauen

Verzweifeln wir nicht: Freiheit und Heilung sind für *beide* Geschlechter zu finden. Meine Damen, wenn ihr zu tief gefallen seid, um noch Hoffnung zu haben, lasst mich euch sagen: Wenn man erst mal ganz unten angelangt ist, gibt es nur noch einen Weg – nach oben!

Und nach oben werdet ihr mit Gottes Hilfe gehen, denn Zeit und Prophetien sind auf Seiten der Wiederherstellung von Frauen. Als Petrus, der frisch aus dem Obergemach kam, seine erste Predigt hielt, zitierte er einen Propheten aus dem Alten Testament, nämlich Joel (siehe Apg. 2,14-21). Gott hatte viele Jahre zuvor durch Joel gesprochen, um anzukündigen, dass in den letzten Tagen Söhne und Töchter, Knechte und Mägde, Männer und Frauen, wiederhergestellt und gemeinsam im Dienst mitten in einem Strom der Erweckung stehen würden.

Dieser Fluss wird so tief und so weit sein, dass er alles Fleisch einschließen wird, und „jeder, der den Namen des Herrn anrufen wird, wird errettet werden" (Apg. 2,21) und in eine Ära der Harmonie zwischen Männern und Frauen hineingebracht. Versöhnung der Geschlechter wird das Erkennungsmerkmal dieser letzten Erweckung sein, der mächtigsten, da sie sich über die gesamte Erde hinwegbewegen und alles Fleisch berühren wird. Männer und Frauen werden inmitten der erstaunlichsten Darstellungen der Kraft Gottes Seite an Seite dienen. In genau diesem Augenblick wird Satans Kopf für immer zertreten werden.

Für ein besseres Verständnis, wie sich dies entwickeln wird, müssen wir sehen, warum Satan Eva angriff, anstatt Adam. Wir werden dies im nächsten Kapitel näher beleuchten.

6. Scheinheilige Frömmigkeit mit Schalldämpfer

Es war Evas Außergewöhnlichkeit, die sie zum Ziel der Listen Satans machte. Nicht ihre Schwächen, sondern vielmehr ihre Stärken ließen sie dem Teufel so interessant erscheinen. Eva, als Ausdruck Gottes exquisitester Kunstfertigkeit, und ganz besonders ihre Fähigkeit, Leben zu beherbergen und zu nähren, muss Satans Aufmerksamkeit erregt haben. So war sie gegenüber vielschichtigem Schaden verletzlicher.

Satan stellte eine Falle, Eva tappte hinein, und an jenem Tag ging viel verloren. Durch Gottes exquisitesten und delikatesten Ausdruck von Kreativität wurde die Tür geöffnet, so dass Gift die ganze Schöpfung verunreinigen konnte, was der gesamten Rasse, die sie und Adam gegründet hatten, Schmerz, Degradierung und katastrophale Misere einbrachte. Der Schaden hatte solche Ausmaße, dass Gottes persönliches Eingreifen durch eine wundersame Jungfrauengeburt viele Jahre später nötig war, um ihn zu beheben.

Die erste Sünde trennte nicht nur den Menschen von Gott, sie schuf auch die erste menschliche Kluft, die Geschlechterkluft. Weil diese Trennung Männer und Frauen auf intimstem Niveau involviert, beeinträchtigt sie auch alles andere auf der Welt. Gottes Ebenbild wird in sowohl Mann wie auch Frau widergespiegelt. Von allen Dingen, die er schuf, waren die einzigen nach seinem eigenen Ebenbild der Mann und die Frau. Eine Kluft, die beide voneinander trennte, trübte jenes Bild. Eine Kluft, die Frauen degradiert, macht Wiederherstellung unmöglich. Eine Kluft, die Männer davon abhält, Frauen als ihre Partner zu betrachten, lässt sie in einem erbärmlichen Zustand von Unvollständigkeit zurück. Diese Kluft muss überbrückt werden, damit das Ebenbild Gottes auf Erden wieder vollständig ausgedrückt werden kann.

Die Geschlechterkluft

Jesus kam, um alles zurückzuholen, was verloren ging, vom ersten bis zum letzten Punkt. Der erste Verlust auf menschlicher Seite war die Würde der Frau und ihre Position neben dem Mann als Gehilfin und Partnerin. So hat Gott Adam und Eva vor dem Sündenfall behandelt: er segnete sie und gebot ihnen *beiden*, die Erde zu füllen und untertan zu machen, und gab ihnen *beiden* Macht, über alle Lebewesen zu herrschen (siehe 1. Mose 1,28). Als Verwalter der Schöpfung Gottes waren sie ebenbürtige Partner. Diese Gleichheit wurde zerstört, als Sünde in die Welt kam (siehe 1. Mose 3,16). Konsequenterweise sollte dies der erste menschliche Verlust sein, der nach Jesu Tod und Auferstehung zurückgewonnen wird. Leider ist dies jedoch bislang noch nicht der Fall gewesen.

Die kommende Preisverteilung

Als Jesus Christus ausrief: „Es ist vollbracht" (Joh. 19,30), war aus Gottes Perspektive die Transaktion abgeschlossen. Die Sünde war beglichen und würde nicht länger eine Barriere zwischen Himmel und Erde darstellen. Was jedoch das Leben auf der Erde angeht, so muss die Position, die die Frau vor dem Sündenfall innehatte, erst noch wiederhergestellt werden. Gott gewann den Preis, doch die Gemeinde muss noch die Preisverteilung abhalten. Dies wird von der immer noch unterwürfigen Stellung der Frauen in der Welt, und sogar in der Gemeinde bestätigt.

Ich sehe Anzeichen davon, wenn ich meine Seminare über Stadtevangelisation halte. Eine der Schlüsselvorträge behandelt ausführlich die Ermahnungen des Paulus, jede zerbrochene Beziehung wiederherzustellen, um die Mächte des Bösen konfrontieren zu können (siehe Eph. 6,11). Paulus befiehlt dazu den Christen, sechs Klüfte zu schließen, die ethnische Gruppen (Kap. 2), Heilige (Kap. 3), Diener Gottes – Apostel, Propheten, Evangelisten und Pastoren-Lehrer – (Kap. 4), Ehemänner und Ehefrauen, Eltern und Kinder (Kap. 5) und Meister und Sklaven (Kap. 6) betreffen.

Wenn die Teilnehmer aufgefordert werden, Buße für Vorurteile, religiöse Scheinheiligkeit und Rassismus zu tun, findet ein mächtiges Schauspiel von Buße statt. Charismatiker bekennen den Nicht-Charismatikern ihre Sünden. Eltern knien vor ihren Kindern nieder, und umgekehrt. Kaukasier und Farbige sagen dem Rassismus ab. Jede der Klüfte wird sofort in Angriff genommen, nur die eine nicht: die Geschlechterkluft.

Immer und immer wieder sehe ich Männer in einem Tränenmeer die Füße anderer umarmen und Begnadigung erbeten, und doch plötzlich ihren Rücken versteifen, wenn ihnen aufgetragen wird, Frauen in der Versammlung um Vergebung zu bitten. Sie nehmen eine herausfordernde Haltung an, als wollten sie sagen: „Was willst du damit sagen, wir sollten vor Frauen Buße tun?" Die Tatsache, dass die Geschlechterkluft existiert und überbrückt werden muss, ist ihnen völlig entgangen.

Diese Reaktion wird sogar noch kriegerischer, wenn ich vorschlage, Buße sollte sich auch auf Frauen im Dienst beziehen. „Frauen im Dienst?" Der Gedanke wird mit einer Entrüstung aufgenommen, die sonst nur für einen gotteslästerlichen Akt aufbewahrt wird. Es spielt keine Rolle, dass Frauen Jahrhunderte lang im Dienst Gottes gestanden haben und der Stempel ihres Wandels mit dem Herrn überall in der Gemeinde zu erkennen ist. Die Vorstellung, dass öffentliche Anerkennung und Buße gefordert werden könnte, ist ihnen ebenso ekelhaft, als sollte man schmutzige Familiengeheimnisse an die Öffentlichkeit bringen.

Subtile Scheinheiligkeit

Ein Kollege von mir kritisierte zu einer bestimmten Gelegenheit eine Frau Gottes, die bei einer unserer Konferenzen aktiv an Versöhnungsakten teilgenommen hatte. Er war auch aufgebracht, als einige von uns vorschlugen, im Umgang mit dieser delikaten und aalglatten Frage am besten erst einmal zuzugeben, dass jeder von uns ein gewisses Maß an religiöser Scheinheiligkeit in sich trage, und von dieser Voraussetzung aus zu arbeiten. Seine Meinung war: „Wir sind keine religiösen Eiferer. Warum sollten wir so einen Aufstand bei etwas machen, was nicht einmal existiert? Es ärgert uns (Männer), wenn, ganz besonders von Frauen, angedeutet wird, wir seien scheinheilig."

Eine Gruppe meiner Mitarbeiter und ich trafen uns mit ihm und seinem Team, um seine Bedenken zu diskutieren. Ich kann wirklich sagen, dass wir eine feine Gruppe aus bewährten Gottesmännern, Pastoren und Theologen darstellen. Wir waren alle „Männer vom Fach", bewandert in der Schrift und wortgewandte Prediger.

Nach einem Eröffnungsgebet wurde vorgeschlagen, uns bezüglich der gewöhnlichen männlichen Vorurteile Frauen gegenüber zu überprüfen. Ein Mann nach dem anderen legte überzeugend dar, warum dies bei ihm nicht der Fall sei. Nach einer ausgedehnten einseitigen Diskussion rief mein Kollege seine männlichen Mitarbeiter als Charakterzeugen auf und stellte mit absoluter Aufrichtigkeit fest: „Ich glaube nicht, dass ich auch nur einen Funken religiöser Scheinheiligkeit in mir habe." Augenblicklich ging eine Erleichterung durch die Gruppe. Es fühlte sich gut an, jemand so abschließend feststellen zu hören, dass wir nicht eine Meute von Heuchlern waren!

Ich sah mich um und zählte 12 Männer und eine Frau – sie saß mit zusammengepressten Lippen in einer Ecke. Wäre die Situation nicht so pathetisch gewesen, es wäre amüsant gewesen: Hier waren wir, eine Gruppe von 12 Männern, die Frauen diskutierten und sich selbst pompös von aller Scheinheiligkeit rein sprachen! Wie typisch von uns Männern, uns von einer Sache freizusprechen, die Frauen betrifft, ohne uns auch nur die Mühe zu machen, das einzige anwesende weibliche Wesen nach seinem Eindruck zu fragen.

Wurzeln der Bigotterie

Bigotterie existiert schon seit Anbeginn der Zeiten. Adam zeigte sie direkt nach dem Sündenfall, als er in Selbstverteidigung „die Frau, die du mir gegeben hast" beschuldigte (1. Mose 3,12). Wenige Dinge haben unsere voreingenommene Sicht der Frau jedoch mehr *legitimiert* als die theologische Gedankenführung, die inmitten der Religionskriege zur Zeit der Reformation entwickelt wurde, einer Zeit, in der das Fundament für unsere gegenwärtige Theologie gelegt wurde.

Bis zu jenem Zeitpunkt hatte die katholische Theologie den Frauen strengste Grenzen gesetzt. Das höchste, was eine Frau bezüglich des Dienstes anstreben konnte, bestand darin, Nonne zu werden, ausgenommen derjenigen, die für den Glauben zu Märtyrern wurden. Diese restriktive Anschauung von Frauen spiegelt eher mittelalterliches Denken wider als die Vorzugsstellung, die ihnen in der Schrift zugeteilt wird. In einem solchen Kontext konnte jede neue Geschlechter-Theologie von den männlichen Religionsforschern einfach nur negativ gesehen werden, die die neu etablierten und noch unerprobten protestantischen Theologiemühlen antrieben.

Satan muss vorhergesehen haben, wie feurige Prediger die Gute Nachricht überall verbreiten, und erkannt haben, dass ihm die Welt aus den Fingern gleitet. Er hatte diese Welt fast ein ganzes Jahrtausend unangefochten regiert, eine Zeit, als den Menschen die Schrift unzugänglich, das Christentum ungesund ritualisiert war und Kirchenleiter nur allzu oft von korrupten säkularen Mächten gewählt wurden. Ich vermute, dass Satan, wohl wissend, dass er machtlos war, die neu entdeckte Botschaft der Errettung aufzuhalten, stattdessen seine Anstrengungen darauf richtete, die Augen der neuen Theologen für die Wiederherstellung der Frauen blind zu machen. Wenn er schon nicht die ganze Welt daran hindern konnte, die befreiende Botschaft zu hören, würde er wenigstens die Hälfte davon abhalten, Freiheit in ihrer vollen Bedeutung zu erleben.

Ein schlechtes Vorbild

Satans bester Sieg gelang ihm bei Bibelforschern, die in feurigen Leidenschaften gefangen waren, die durch die Religionskriege angezündet wurden. Ein Fall involviert einen feinen, mutigen Schotten, dessen Liebe zu seinem Vaterland nur von seiner Liebe zu Gott übertroffen wurde: John Knox.

Er war ein protestantischer Reformer und ein Patriot, und als solcher würde er alles tun, um den Thron seines geliebten Schottlands nicht einem katholischen Monarchen zufallen zu lassen. Als Mary, Königin der Schotten, den Thron forderte, bekämpfte Knox sie mit allem, was er hatte. Als Theologe wurde die Theologie zur Waffe seiner Wahl, doch bald fand er sich hin- und hergezogen zwischen widersprüchlichen Punkten. Einerseits glaubte er, dass Gott als praktischen Ausdruck des Prinzips, dass alle Autorität von Gott gesetzt ist, Herrscher einsetzte. Doch diese Überzeugung kollidierte mit seinem eingefleischten Anti-Katholizismus. Er konnte nicht akzeptieren, dass Gott einen Katholiken auf den Thron setzen würde, obwohl Marys Legitimierung unanfechtbar war.

Um diese Spannung zu lösen, bekräftigte er das Prinzip der Autorität im Allgemeinen, während er Marys Recht auf den Thron in Frage stellte, vor allem aufgrund der Tatsache, dass sie eine Frau war. Als Theologe interpretierte er Bibelstellen, die von der Rolle und Position der Frau handeln, auf die restriktivste Weise, die nur möglich war. Indem er zu stark betonte, was die Schrift den Frauen *verbietet*, machte sich John Knox selbst und seine Nachfolger für die vielen Dinge blind, zu denen Frauen eigentlich bevollmächtigt sind.

Eine schwache Theologie

Knox, der in vielen Gebieten große Beiträge zur Theologie leistete, war in seinem Umgang mit der Schrift nicht unaufrichtig, doch außer Kontrolle geratene politische Leidenschaften, die durch sein Land fegten, färbten seine Schlussfolgerungen ein. In seinem Eifer, Mary das Recht und die Autorität zu herrschen abzusprechen, verstieß er gegen die Autorität der Frauen im Allgemeinen. Er tat dies zu einer Zeit, als der Protestantismus als mächtige Kraft im Christentum aufkam. Indem er während der Entstehung der Protestantischen Kirche seine subjektiven Meinungen einpflanzte, setzte er völlig unerwartet einen Prozess in Gang, der diese Meinungen in alle Welt trug, als die Bewegung ihre Grenzen erweiterte. Der größte Schaden jedoch war das Versäumen der Gelegenheit, die notwendige theologische Reflexion zur völligen Wiederherstellung der Frau in Gang zu setzen

Die meisten, die sich heutzutage versteifen, wenn sie aufgerufen werden, sich vor Frauen zu demütigen, erkennen nicht, dass der theologische Gedankengang hinter ihren Glaubensgrundsätzen relativ jung ist. Seine Wurzeln reichen nicht weiter als 500 Jahre zurück. Wir müssen die winzige Quelle in Betracht ziehen, von der nur allzu oft eine herabwürdigende Geschlechter-Theologie abgeleitet worden ist. Fehlschlüsse über die Rolle und Position der Frau in der Kirche haben uns dazu gebracht, Schlüsselbibelstellen in restriktiver Weise zu interpretieren. Eine solche Stelle ist 1. Timotheus 2,8-15:

> Ich will nun, dass die Männer an jedem Ort beten, indem sie heilige Hände aufheben, ohne Zorn und zweifelnde Überlegung, ebenso, dass die Frauen sich in würdiger Haltung mit Schamhaftigkeit

> und Sittsamkeit schmücken, nicht mit Haarflechten und Gold oder Perlen oder kostbarer Kleidung, sondern mit dem, was Frauen geziemt, die sich zur Gottesfurcht bekennen, durch gute Werke. Eine Frau lerne in der Stille in aller Unterordnung. Ich erlaube aber einer Frau nicht, zu lehren, noch über den Mann zu herrschen, sondern ich will, dass sie sich in der Stille halte, denn Adam wurde zuerst gebildet, danach Eva; und Adam wurde nicht betrogen, die Frau aber wurde betrogen und fiel in Übertretung. Sie wird aber durch das Kindergebären gerettet werden, wenn sie bleiben in Glauben und Liebe und Heiligkeit mit Sittsamkeit.

Wenn wir diese Bibelstelle durch ein traditionelles Raster studieren, finden wir drei Restriktionen, die Frauen auferlegt wurden:

- Sie sollten sich nicht übermäßig schmücken (V. 9).
- Sie sollten Instruktion in völliger Unterordnung still empfangen (V. 11).
- Sie sollten weder lehren noch Autorität über Männer ausüben (V. 12).

Die angegebenen Gründe sind, dass der Mann zuerst geschaffen (V. 13) und Eva betrogen wurde und in Übertretung fiel (V. 14).

Die erste weibliche Kleidervorschrift

Der Kontext für diese Bibelstelle ist die Anweisung des Paulus an Männer *und* Frauen, wie sie sich verhalten und an öffentlichen Gebetstreffen teilhaben sollten (siehe 1. Tim. 2,1-8). Bevor wir die Restriktionen analysieren, lass uns sicherstellen, dass wir dabei nicht drei sehr positive Punkte übersehen.

1. Es ist Frauen erlaubt, an öffentlichen religiösen Veranstaltungen teilzunehmen (siehe 1. Tim. 2,9). Dies ist ein signifikantes Abweichen von der herrschenden Sitte. Zu jener Zeit erlaubten weder Römer noch Juden Frauen die aktive Teilnahme an religiösen Zeremonien. Heidnische Tempel stellten sie als prostituierte Priesterinnen an – eine äußerst entwürdigende Tätigkeit.

Das Konzept, dass Frauen an öffentlichen Veranstaltungen teilnahmen, war so neu, dass Paulus die grundlegenden Dinge ansprechen musste: Was sollten Frauen tragen? Wenn Paulus nicht öffentliche Veranstaltungen angesprochen hätte, wäre es nicht nötig gewesen, Instruktionen über Kleidung zu geben. Er suchte weiterhin klarzustellen, dass die falsche Aufmachung nicht die Absicht der Veranstaltungen beeinträchtigen sollte. Ungläubige, die christliche Frauen in der Öffentlichkeit sahen, sollten nicht durch ihr Aussehen davon abgehalten werden, ihre Gottseligkeit zu erkennen (siehe 1. Tim. 2,10).

2. Paulus machte klar, dass sich Frauen mit guten Werken kleiden sollten. Da der Text diese Werke als etwas darstellt, was Beistehende bemerken können sollten, ist klar, dass Paulus hier über *öffentliche* Werke spricht. Sie sollten ebenso leicht sichtbar sein wie die Kleidung.
3. Er stellte fest, dass Frauen nun in derselben Weise und in derselben Umgebung gelehrt werden sollten, wie Männer traditionell gelehrt wurden.

Leider sehen wir, wenn wir zur Feststellung des Paulus kommen, dass Frauen nicht lehren oder Autorität ergreifen sollten, häufig diese Restriktionen als den Hauptpunkt von Paulus Lehre. Tun wir dies, dann verpassen wir, was er ihnen zu tun *erlaubte*. Paulus erlaubte ihnen, an religiösen Veranstaltungen teilzunehmen, öffentlich gute Werke zu tun und Lehre zu empfangen. Lass uns auf den letzten Punkt der Liste einen genaueren Blick werfen.

Eine große soziale Revolution

Universelle Ausbildung macht es nun Mädchen möglich, Seite an Seite mit Jungen gelehrt zu werden. Dies ist ein so fest etabliertes Recht, dass es für uns im 21. Jahrhundert unmöglich ist, die revolutionäre Natur der Feststellungen von Paulus im Kontext seiner Zeit zu würdigen. In den Tagen des Paulus wurden Frauen nicht gelehrt. Was er einführte, war weit radikaler als die Französische und die Amerikanische Revolution zusammengenommen, da es die Hälfte der Weltbevölkerung betraf. Paulus stellte klar, dass Frauen nicht länger in Unwissenheit gehalten werden, sondern in derselben Weise unterwiesen werden sollten wie die Männer die Jahrhunderte zuvor.

Dies ist nicht nur ein einfacher Schritt, es war für die Frauen ein Riesensprung nach vorn, da in der Zeit des Neuen Testaments Frauen, wenn auch immerhin als Tieren höher stehend, Männern gegenüber hingegen als niedriger angesehen wurden.

Schöpfung und Sünde

Nachdem Paulus festgestellt hat, dass Frauen ein Anrecht auf drei außergewöhnliche Vorrechte haben, fährt er fort, zwei Einschränkungen zu diskutieren: Sie sollen nicht über Männer herrschen, und sie sollen sie nicht auf streitsüchtige[7] Weise lehren. Um zu zeigen, dass dies nicht eine beliebige Entscheidung seinerseits war, gibt er eine doppelte Begründung: Adam wurde zuerst erschaffen (V. 13), und Eva war diejenige, die in Übertretung fiel (V. 14). In der Vergangenheit haben wir diese beiden Punkte zusammengeschweißt und folglich die falsche Schlussfolgerung gezogen.

Paulus präsentiert zwei unterschiedliche Dinge. Eines ist die Reihenfolge der Schöpfung – Adam wurde zuerst erschaffen. Das andere ist die Reihenfolge, in der Sünde *eingeführt* wurde – zuerst durch Evas Übertretung. Diese beiden Abfolgen können nicht kombiniert werden, denn sie sind inkompatibel. Die erste stellt etwas Absolutes dar, das nicht verändert werden kann, während die zweite konditionell und damit der Veränderung unterworfen ist.

Werden sie als eins gesehen, wird die *Unveränderlichkeit* der Reihenfolge der Schöpfung irrigerweise auf die Restriktionen des Paulus übertragen, was uns davon abhält, die *Relativität* der Konsequenzen von Evas Übertretung zu sehen, die durch das Kreuz aufgehoben worden sind. Die beiden voneinander zu trennen ist essentiell wichtig zum Verständnis dessen, was Paulus tatsächlich über Frauen lehrt.

Bitte nicht durcheinanderbringen!

Die Reihenfolge der Schöpfung ist unveränderlich und irreversibel. Adam wurde zuerst geschaffen, und es gibt nichts, was man tun könnte, um dies zu ändern. Dagegen ist die Reihenfolge, in der Sünde erstmals in die menschliche Rasse *eindrang*, das Resultat einer Entscheidung, die von einer anderen Person als von Gott getroffen wurde – in diesem Fall von Eva. Sie entschied sich, Gott ungehorsam zu sein, und wurde somit die erste, die in Übertretung fiel. Es ist sogar möglich, dass sie, nachdem sie ihre eigene Unschuld verloren hatte, wissentlich zu Adams Fall beitrug, indem sie ihn einlud, die Frucht zu essen, von der sie schon wusste, dass sie böse war.

Härtere Strafe

Gott fällte das Urteil und bestrafte Adam und Eva mit Trennung, Schmerz und Mühsal (siehe 1. Mose 3,16-19), bei Eva jedoch fügte er eine Degradierung hinzu: Er machte ihr Verlangen Adam untertan (V. 16). Der Grund dafür besteht teilweise darin, dass ihre Übertretung ein vorsätzlicher Akt war und als solcher härtere Strafe verdiente.

Wie wirkte sich diese zusätzliche Strafe über die Jahre hinweg aus? Männer übten ihre Lizenz aus, über Frauen zu herrschen, und beschlossen, sie unwissend und in einem niedrigeren sozialen Status zu halten. Dies ist die direkte Konsequenz von Evas Übertretung. Deshalb trug Paulus den Männern auf, dies zu eliminieren, indem sie den Status der Unwissenheit umkehrten, der den Frauen aufgezwungen wurde, als ihr Verlangen ihren Ehemännern untertan gemacht wurde. Um den Konsequenzen der ersten Sünde entgegenzuwirken, wies Paulus die Männer an, Frauen durch Unterweisung auf die gleiche Ebene zu bringen. Dies ist nicht eine Herabsetzung, sondern eine Beförderung!

Wenn Paulus jemand zurechtwies, dann waren es die Männer, nicht die Frauen. Als er die Notwendigkeit, dass Männer ihre Frauen unterweisen, mit Evas Übertretung in Verbindung brachte, geschah dies mit der Absicht, die Tatsache hervorzuheben, dass Eva fiel, weil Adam darin versagt hatte, sie zu unterweisen. Er war derjenige, der das Verbot empfing, von dem Baum zu essen, und der die Details kannte, während sie es aus zweiter Hand gehört hatte. Betrachten wir die Art, wie Eva mit der Information falsch umging, als sie von der Schlange konfrontiert wurde, hatte ihr Adam offensichtlich keine rechten Instruktionen gegeben.

Satan stellte Eva auf listige Weise Fragen, wobei er alle Bäume in das Verbot Gottes einbezog. Eva wies dies zurück, reagierte jedoch zu heftig, indem sie hinzufügte, der Baum dürfe nicht berührt werden (siehe 1. Mose 3,3). Gott hatte nie das Gebot erteilt, ihn nicht zu berühren, doch in einem vom Meister der Lüge selbst gedrechselten Lügenkontext und mit Evas Informationen aus zweiter Hand wurde die Wahrheit verdreht. Adam sah, dass Eva fehlgeleitet wurde und verkehrt antwortete. Dennoch stand er neben ihr und unternahm nichts, sie zu unterweisen. Die Ermahnung des Paulus an die Männer lautet, dass sie ihre Frauen nicht so hängen lassen sollten, wie es Adam bei seiner Frau tat.

Der erste Rahmen

Die Restriktionen des Paulus, dass es Frauen nicht erlaubt ist zu lehren, müssen als ein Prinzip innerhalb eines Prozesses gesehen werden, nicht als feste Regel. Er schrieb an eine spezifische Gruppe von Menschen *im 1. Jahrhundert* – eine Frau oder Gruppe von Frauen, die streitsüchtig und dominant waren, wie wir aus dem Befehl in 1. Timotheus 2,11-12 ersehen können, „in aller Unterordnung" zu sein und sich durch „Stille" auszuzeichnen (eine friedvolle Haltung). Der Grundsatz, den er einführte, ist universell und transkulturell, doch die lokale Situation, in die er hineinsprach, war weder das eine noch das andere. Wir neigen dazu, die Instruktionen des Paulus als das endgültige Bild zu sehen, wenn sie tatsächlich das *erste* Bild einer Filmspule darstellen. Paulus sprach die Herabsetzung der Frauen an ihrem tiefsten Punkt an – zu Beginn des Christentums – und stellte ein Prinzip vor, um sie zu ihrem ursprünglichen Glanz zurückzubringen. Dies würde zweifelsohne einiges an Zeit erfordern.

Aus seiner vorteilhaften Position zu Beginn der christlichen Ära beschrieb Paulus das erste Bild der Filmspule. Dieses Bild stellt ungelehrte Frauen dar, die gelehrt werden sollen, um der sich ausbreitenden Gnadenausgießung angemessen zu sein. Je mehr der Film die Zukunft aufrollt, muss ein neues Bild auftauchen – in seinem weiteren Verlauf wird das Bild der Wiederherstellung der Frauen sicherlich weiter fortgeschritten sein als dasjenige zu Paulus Zeiten.

Lernen kommt vor Lehren

Paulus ermahnte die Frauen primär deshalb, nicht zu lehren, weil sie bis zu jenem Zeitpunkt, aufgrund der Konsequenzen der Übertretung Evas, nicht gelehrt worden waren. Eine grundlegende Voraussetzung zum Lehren ist, dass man etwas zu lehren hat. Da Frauen nicht gelehrt worden waren, waren sie im Nachteil, wenn es ums Lehren, vornehmlich in religiösen Dingen, ging. Nach Jesu Tod, der Evas Sünde tilgte, sollten die Frauen jedoch gelehrt werden.

Wie erlangen Menschen Lehrstoff? Sie müssen zuerst gelehrt werden! Die Folgerung ist unweigerlich: Wenn Frauen erst einmal gelehrt wurden, sollten sie fähig sein zu lehren.

Wenn wir die Reihenfolge der Schöpfung von der Reihenfolge trennen, in der Sünde in die menschliche Rasse eingeführt wurde, anstatt sie als unzertrennliche Teile eines Ganzen zu behandeln, sehen wir die Rolle der Frau in einem Licht, das mit der Schrift und der Verteilung geistlicher Gaben in der Kirche viel besser zusammenpasst.

Paulus kann nicht generell allen Frauen in Ephesus verbieten zu lehren und jegliche Art von Autorität über Männer zu haben, weil er genau wusste, dass Priscilla eine seiner Mitarbeiterinnen in Ephesus gewesen war, wo nun Timotheus den Gemeinden vorstand und sie, zusammen mit ihrem Mann, fruchtbringend Apollos unterwiesen hatte (siehe Apg. 18,26).

Außerdem schreibt Paulus in 1. Timotheus 2,11 nicht länger über „Frauen" im Plural wie zuvor in 1. Timotheus 2,9-10. Hier nennt er „eine Frau" im Singular und bezieht sich damit auf eine bestimmte Frau oder eine begrenzte Anzahl Frauen in Ephesus.[8]

Diese Art von Verbot gegen eine oder mehrere besonders streitsüchtige, dominante Ehefrau oder Ehefrauen ist weit entfernt von einem umfassenden Verbot gegen gottesfürchtige Frauen, dass sie nicht lehren oder den Dienst ausüben können, zu dem sie Gott im Leib Christi berufen hat.

Errettung durch Kindergebären?

> Sie wird aber durch das Kindergebären gerettet werden, wenn sie bleiben in Glauben und Liebe und Heiligkeit mit Sittsamkeit.
>
> 1. Timotheus 2,15

In diesem Vers stellt Paulus fest, dass „Frauen gerettet werden durch das Gebären von Kindern." Über was für eine Art von Errettung spricht er? Es kann nicht die Errettung von ewiger Verdammnis sein, denn diese Errettung ist von Jesus selbst bereitgestellt worden. Gemäss dem Kontext muss es Errettung von den Konsequenzen der Übertretung Evas sein (V. 14), da dies das zur Diskussion stehende Thema ist. Wie kann Kindergebären Errettung produzieren?

Die generelle Interpretation verweist auf das Gebären des Kindes, Jesus, als dem Samen der Frau. In einer spezifischeren Weise jedoch mag sich diese Stelle durchaus auf Evangelisation beziehen, wie aus dem hier gebrauchten griechischen Wort zu folgern ist. Das Wort ist *teknogonea*, was in der New American Standard Version als „Kindergebären" übersetzt ist. Das Wort teknogonea, das nur einmal im Neuen Testament gebraucht wird, bedeutet jedoch nicht nur Kinder *gebären*, sondern auch Kinder *zeugen*. Physiologisch gesehen können Frauen Kinder gebären, doch sie können sie nicht zeugen. Zeugen ist etwas, was nur Männer tun können, weil es das Deponieren von Samen im Inneren der Frau erfordert. Daraus folgt, dass sich Paulus auf etwas anderes beziehen muss. Ich bin der Meinung, dass es hier um die Zeugung geistlicher Kinder geht.

Dies stimmt mit dem Kontext von 1. Timotheus 1,15-2,15 überein, der Bibelstelle, die uns die auf Gebet basierende Evangelisation lehrt oder das, was wir heute als Gebetsevangelisation bezeichnen. Dies harmoniert mit der wohlbekannten Stelle über weibliche Evangelisten in Psalm 68,11, wo wir lesen: „Der Herr erlässt das Wort; der Siegesbotinnen ist eine große Schar."

Frauen als Evangelisten

Es ist unleugbar, dass Frauen – Großmütter, Tanten, Mütter und Ehefrauen – ständig eine große Rolle darin spielen, Menschen zum Herrn zu führen. Auch sind einige der effektivsten öffentlichen Evangelisten Frauen. Dies trifft sowohl bei der Tür-zu-Tür-Evangelisation in der Dritten Welt zu, wie auch bei Kathryn Kuhlman, Aimee Semple McPherson oder Mutter Teresa, oder heutzutage Cindy Jacobs oder Anne Graham Lotz. Ob wir nun mit ihrer Theologie und Methodologie übereinstimmen, oder nicht, können wir doch nicht leugnen, dass diese Frauen viele Menschen zu Jesus geführt haben.

Indem er das Bild des Kindergebärens mit seiner Nebenbedeutung des Einführens von neuem Leben in die Welt gebraucht, scheint Paulus darauf hinweisen zu wollen, dass ihre Effektivität im Dienst die Konsequenzen von Evas Übertretung umkehren wird. Mit anderen Worten: Lass die Frucht die wahren Wurzeln dieses noch nicht katalogisierten Baumes offenbaren. Es gibt biblische Präzedenzfälle, zum Beispiel als Gott das radikale Prinzip einführt, dass Heiden errettet werden können, ohne zuerst Juden zu werden. Genau wie Petrus die Bekehrung des Kornelius durch eine wahre geistliche Erfahrung für gültig erklärte – das Sprechen in neuen Zungen (siehe Apg. 11,15-18), – so stellt Paulus fest: Wenn korrekt gelehrte Frauen effektiv zu dienen beginnen, wird ihr wiederhergestellter Status erkannt werden, sobald die Frucht solcher Dienste offensichtlich wird. Lass uns im Auge behalten, dass Paulus diese Abhandlung über Frauen mit der Notwendigkeit beginnt, *gute Werke* zu tun, die der Gottesfurcht in ihrem Herzen Greifbarkeit verleihen.

Sünde und Ungerechtigkeit

Paulus machte das Ausarbeiten dieser Errettung abhängig von der Fähigkeit der Frauen, „in Glauben und Liebe mit Selbstbeherrschung" zu verweilen (1. Tim. 2,15). Warum würde Paulus dies zu einer Bedingung machen, wie Frauen von den Konsequenzen der Übertretung Evas frei werden können? Es hat mit dem essentiellen Unterschied zwischen Sünde und Ungerechtigkeit zu tun.

Sünde kann als der böse Akt an sich und Ungerechtigkeit als seine Konsequenzen beschrieben werden. Sünde ist der Ungehorsam selbst; Ungerechtigkeit ist der Makel, der auf denen zurückbleibt, die darin involviert oder davon berührt sind. Die *Sünde* der Sklaverei wird heute in den Vereinigten Staaten nicht länger praktiziert, aber die *Ungerechtigkeit* der Sklaverei – ihre Konsequenzen – ist auf schmerzhafte Weise spürbar. Afroamerikaner leiden unter entsetzlichen und entwürdigenden sozialen, ökonomischen und moralischen Zuständen. Sie haben alarmierend hohe Quoten von Teenager-Schwangerschaften, Arbeitslosigkeit und ledigen Müttern, während sie bei Zulassungsexamen zur Universität extrem schlecht abschneiden.

Gott wird die Sünden der Eltern nach den Kindern der vierten Generation nicht auf eine weitere Generation verschieben, weil diese Sünden durch den stellvertretenden Tod Jesu Christi vergeben wurden. Sie wieder hervorzuholen wäre dasselbe, als wollte man einen Scheck zweimal einlösen, besonders einen, auf dem schon der rote Stempel „vollständig bezahlt“ prangt.

Ungerechtigkeiten jedoch – die Konsequenzen dieser Sünden – sind immer noch unter uns, weil sie die Generationen überspannen und beseitigt werden müssen. Sünde an sich ist ungreifbar, ihre Konsequenzen jedoch nicht. Hier kommt die Gemeinde ins Spiel. Sind erst einmal unsere ungreifbaren Sünden weggewaschen, müssen wir uns aufmachen, ihre greifbaren Konsequenzen umzukehren, zuerst in unserem eigenen Leben, dann in den Leben derjenigen, die von solchen Sünden betroffen sind, und schließlich in der Gesellschaft selbst. Dies muss durch Buße, Rückerstattung und Wiederherstellung getan werden – das Gegenteil dessen, was die Sünde getan hat.

Da das sühnende Blut Jesu einem göttlichen „vollständig bezahlt“ auf dem Schuldschein gleichkommt, den Satan der Menschheit vorgehalten hat, hat er nicht länger Recht an dem Eigentum, das er im Garten Eden durch Verführung erlangte, weil Jesus den Schuldschein eingelöst hat. Deshalb wurde der Gemeinde aufgetragen, wieder in Besitz zu nehmen, was auf Golgatha in rechtmäßiger Weise zur Verfügung gestellt wurde. Dazu müssen wir den nächsten Schritt gehen und alle bestehenden Ungerechtigkeiten aus dem Weg räumen, indem wir in einem Geist handeln, der dem Geist der Sünde entgegengesetzt ist, die sie hervorrief. Im Falle der Sklaverei zum Beispiel müssen Weiße ihre afroamerikanischen Geschwister ehren, ihnen dienen und geben, anstatt von ihnen zu nehmen. Der Schlüssel liegt darin, im *entgegengesetzten* Geist Wiederherstellung zu üben.

Vor allem Selbstbeherrschung

Dies ist etwas, was in beide Richtungen gilt. Einerseits werden Männer instruiert, die Jahrhunderte der Unterdrückung umzukehren und ihre Frauen zu lehren, bis sie auf ein gleiches Niveau gebracht sind. Andererseits ist der Plan für die Freisetzung der Frauen von den Konsequenzen der Übertretung Evas in 1. Timotheus 2,15 dargelegt, wo Frauen angewiesen werden, im entgegengesetzten Geist dessen zu wirken, was eingangs Verunreinigung brachte. Sie sollen im Glauben, in Liebe und Heiligkeit mit Selbstbeherrschung verharren, um einen Lebensstil zu entwickeln, der das genaue Gegenteil dessen widerspiegelt, was der Sünde den Eingang in den Garten Eden ermöglichte.

Im Augenblick des Falls glaubte Eva Gott nicht. Christliche Frauen sollen glauben (Glauben haben). Eva liebte Adam nicht genug, um ihn nicht dazu zu verführen, etwas Böses zu essen, das sie geschmeckt hatte. Christliche Frauen sollen ihre Ehemänner lieben, sogar diejenigen, die dem Wort des Evangeliums gegenüber ungehorsam sind (siehe 1. Petr. 3,1). Eva beschloss, sich zu verunreinigen und diese Verunreinigung auf Adam auszudehnen. Christliche Frauen sollen durch gute Werke in Heiligkeit bleiben, wie es Frauen geziemt, die Gottseligkeit für sich beanspruchen (siehe 1. Tim. 2,10).

Vor allem aber sollen christliche Frauen Selbstbeherrschung zeigen. Warum Selbstbeherrschung? Erstens, weil Selbstbeherrschung genau das ist, was Eva im Garten nicht ausübte, als sie sich entschied, eigenmächtig zu handeln. Zweitens werden christliche Frauen, wenn sie um der Sache der Emanzipation willen zu den Waffen greifen, Gottes Geheimplan für sie in der Endzeit gefährden, wie wir im nächsten Kapitel sehen werden.

7. Das Rückspiel findet statt

> Und ich (Gott) werde Feindschaft setzen zwischen dir und der Frau, zwischen deinem Samen und ihrem Samen; er wird dir den Kopf zermalmen, und du, du wirst ihm die Ferse zermalmen
>
> 1. Mose 3,15

Als Gott diese Worte aussprach, stellte er absolut klar, dass es ein Rückspiel geben würde. Ein Rückspiel muss immer die ursprünglichen Gegner einbeziehen. Da Gott das Rückspiel im Zusammenhang der Feindschaft zwischen der Frau und der Schlange beschreibt, liegt der Gedanke nicht fern, dass Frauen darin eine wesentliche Rolle spielen werden.

Der Same in 1. Mose 3,15 ist selbstverständlich ein legitimer Verweis auf den Messias, der von der Frau geboren werden würde. Als Christus auf Golgatha sein Blut vergoss, zertrat er ganz klar Satans Kopf und verwundete ihn tödlich. Satan wurde von seiner Position entthront, die er vor Golgatha im Himmel innehatte, und die Herrschaft Jesu wurde dauerhaft.

Sobald die Gemeinde etabliert war und die Jünger Jesu ihre evangelistische Reise „an die Enden der Erde" antraten, begann Satans Herrschaft auf der Erde zu zerbröckeln. Zuerst wurde Jerusalem mit der Lehre der Apostel erfüllt (siehe Apg. 5,28), gefolgt von einer Reihe von Städten in Judäa und Samarien. Bald wurden Ephesus und die Römische Provinz Asien freigesetzt, als „alle... das Wort des Herrn hörten, sowohl Juden als auch Griechen" (Apg. 19,10). Als nächstes wurde eine weite Region, die sich von Jerusalem bis nach Illyricum erstreckte, mit dem Evangelium durchdrungen – so sehr, dass Paulus erklärte, dass in jenem Gebiet für die evangelistische Dimension seines apostolischen Dienstes kein Raum mehr war (siehe Röm. 15,18-23).

Die Verbreitung des Evangeliums hat im Laufe der Jahrhunderte weitere Fortschritte gemacht. Sie ist sogar so weit gegangen, dass heute jede Nation auf Erden wenigstens eine Handvoll Christen beherbergt. Satan ist mit seinem zertretenen Kopf nicht fähig gewesen, dem Vorandrängen der Heere des Herrn der Heerscharen zu widerstehen. Die letzten 2000 Jahre über ist er eher zurückgewichen, als dass er seine Herrschaft ausgeweitet hätte. Der Tag kommt schnell näher, wo er den letzten Schlag abbekommen wird, wenn „der Gott des Friedens... Satan unter eure Füße treten wird" (Röm. 16,20). An jenem Tag wird der Wille Gottes *überall* auf Erden getan werden, wie er im Himmel geschieht.

Dies ist das Rückspiel, das ich beschrieben habe. Ich bezeichne es als Rückspiel, weil es die ursprünglichen Gegner involvieren wird: Menschen und den Teufel selbst. Genau wie ihre Vorgängerin im Garten Eden, werden Frauen darin eine zentrale Rolle spielen. Mit dem Unterschied, dass dieses Mal, wie Gott vorhergesagt hat, die Töchter Evas siegen werden.

Wo Satans Kopf zertreten wird

Die Kraftprobe kommt schnell näher und wird innerhalb des 10/40-Fensters[9] stattfinden. Ich sehe drei Gründe dafür.

1. *Geographische Lage.* Der Garten Eden, der Ort, wo Satan seine ersten Punkte erzielte, lag innerhalb des 10/40-Fensters. Die meisten Bibelgelehrten vermuten den Garten Eden in der Region, wo sich heute der Irak und Iran befinden. Dies ist eine der für das Evangelium am wenigsten empfänglichen Regionen. Als einer der Orte, wo Satan sich am festesten eingenistet hat, wird es höchstwahrscheinlich auch hier sein, wo er seinen *letzten* Auftritt machen wird.
2. *Der Status der Frauen.* Der Ort auf Erden, wo Frauen am meisten erniedrigt, entwürdigt, gedemütigt und benachteiligt sind, findet sich innerhalb des 10/40-Fensters, besonders in militanten muslimischen Ländern, wo die Wünsche der Frauen vollkommen der Willkür der Männer ausgeliefert sind, die auf äußerst diktatorische Weise über sie herrschen.

3. Bestätigung aus der Schrift. Psalm 68 beschreibt ein entscheidendes Zusammentreffen zwischen Gott und den bösen Mächten, bei dem Frauen eine Schlüsselrolle spielen. Der dieser Schriftstelle innewohnende Hinweis deutet auf das 10/40-Fenster als Kriegsschauplatz hin.

Ein Blick auf Psalm 68

Psalm 68 beginnt mit klar formulierten Kampfansagen: „Gott wird sich erheben, es werden sich zerstreuen seine Feinde, und die ihn hassen, werden fliehen vor seinem Angesicht" (V. 1). Er endet mit einer majestätischen Beschreibung, wie ihm alle Königreiche der Erde Lob singen: „Ihr Königreiche der Erde, singt Gott, spielt dem Herrn" (V. 32).

Dieser Wechsel von offener Herausforderung zu völliger Unterordnung ist erfüllt, wenn der Herr verlauten lässt: „‚Siegesbotinnen, eine große Schar!' Die Könige der Heere fliehen, sie fliehen!" (V. 11-12)[10], und das Resultat davon zu sehen ist: „Zerstreue die Völker, die Lust haben am Krieg" (V. 30).

Dieser Sieg ist so eindrücklich, dass sogar Ägypten – das kulturelle Haupt des Islam – Abgesandte sendet und Äthiopien, der Ort systematischer Christenverfolgung, zu Gott umkehrt: „Es werden kommen Bronzesachen (Prinzen) aus Ägypten; Äthiopien soll seine Hände ausstrecken zu Gott" (V. 31).

Dieser Psalm gibt uns spezifische Schlüssel bezüglich der Örtlichkeit dieser Schlacht. Der Ort ist als eine Kombination von Wüsten (V. 4) und Dürre (V. 6) beschrieben. Die Erwähnung von Juda, Sebulon und Naphtali (V. 27) platziert es in das moderne Israel (V. 8). Die Erwähnung von Sinai (V. 8), Ägypten und Äthiopien (V. 31) erweitert das ganze Schauspiel auf den gesamten Mittleren Osten.

Der Bezug auf die Königreiche der Erde, die Gott preisen, nachdem er „das Haupt... dessen, der da wandelt in seinen Verschuldungen" zerschmettert hat (V. 21), deutet darauf hin, dass dies das Ende ist, nicht einfach nur eine weitere Schlacht. Wir können mit Bestimmtheit schlussfolgern, dass dieser Kampf, das letzte Gegenspiel, im Mittleren Osten inmitten des 10/40-Fensters stattfinden wird.

Die erste ausschließlich weibliche Armee

Eine ausschließlich weibliche Armee spielt in diesem Sieg eine Schlüsselrolle. Gottes Feinde werden vollständig besiegt: „Der Herr [wenn er] den Befehl gibt; [und ganz plötzlich] [werden] die Frauen, die gute Nachricht verkünden, eine große Schar [Armee]: Könige der Heere fliehen, sie fliehen" (Ps. 68,12,13; NASB).

Der Gedanke an Frauen, *die Gute Nachricht verkündigen* und so böse Könige besiegen, ist so außergewöhnlich, dass es der nächste Vers nochmals betont, um sicherzustellen, dass dieser neue Aspekt nicht verloren geht: „und die Hausbewohnerin verteilt die Beute!" (V. 13; unrev. Elberfelder Bibel). Beute gehört immer dem Sieger.

Überraschung als Schlüssel

Gott greift auf das Element der Überraschung zurück. „Wenn ihr zwischen den Hürden lieget, werdet ihr sein wie die Flügel einer Taube, die überzogen sind mit Silber, und ihre Schwingen mit grüngelbem Gold" (V. 13; unrev. Elberfelder Bibel). Wie wir im ersten Kapitel dieses Buches sahen, vergleicht dieser Vers die kriegsführenden Frauen mit Tauben, die zwischen den Schafhürden liegen – ihre Flügel überzogen mit Silber und ihre Schwingen mit Gold verziert. So beeindrukkend dies auch klingt, die tatsächliche Szene wurde bewusst düster gemalt – im Grunde von Gott getarnt, um nicht das Element der Überraschung zu verlieren.

Schafhürden sind Schafhäute, die dazu benutzt werden, den Boden in einem Zelt zu bedecken. Sie dienen auch als Sitze und Betten. Selbst wenn sie von einem weißen Schaf stammten, wird ihre Farbe nach einer Zeit des Gebrauchs grau. Wenn silberfarbene Tauben auf graue Schafhürden gesetzt werden, werden sie durch den Mangel an Kontrast unauffällig. Sogar die goldenen Ringe auf ihren Schwingen ziehen keine Aufmerksamkeit auf sich, weil die Tauben darauf liegen[11].

Was wir hier sehen, sind Frauen, die als liegende Tauben getarnt sind und unter sich einen Schatz verbergen. Die Geschichte der Tauben spiegelt auf vollkommene Weise die heutige Realität muslimischer Frauen im 10/40-Fenster wider. Die Frage ist nicht, ob sie Gott als seine mächtige Armee entsenden wird, sondern wie bald er sie aussenden wird.

Ein Blick auf Zalmon

Der nächste Vers stellt fest: „Wenn der Allmächtige Könige im Land zerstreut, schneit es auf dem Zalmon“ (V. 14). Was ist die Bedeutung des Schnees, und warum wird Zalmon erwähnt?

Wenn sich Massen von Tauben – mit Gold auf ihren Schwingen, auf ein Gebiet herablassen, wird der Ort aussehen wie mit Schnee bedeckt. Dies war an einem Ort namens Zalmon der Fall. Dieser kaum bekannte Hügel birgt einen wichtigen Schlüssel, wie wir bald sehen werden.

Abimelechs Niederlage

Abimelech, der Sohn Gideons von einer seiner Konkubinen, brachte Zalmon in Verruf. Dieser schlechte Charakter verschwor sich mit den Einwohnern von Sichem – seiner Heimatstadt – gegen die 70 legitimen Söhne seines verstorbenen Vaters und tötete sie, um an die Macht zu kommen (siehe Richt. 8,32 – 9,6). Schließlich brach ein Streit zwischen ihm und den Leuten von Sichem aus. Abimelech belagerte Sichem, besiegte seine Armee und ermordete den Großteil seiner Einwohner (siehe Richt. 9,43-45).

Tausend Männer und Frauen flohen jedoch zu einem Befestigungsturm. Dann kletterte Abimelech auf den Berg Zalmon, um seiner Armee zu zeigen, wie man Äste von den Bäumen schneidet. Als sie erst einmal genug Feuerholz hatten, transportierten sie es zu dem Untergemach des Turmes. Sie zündeten es an und verbrannten tausend Männer und Frauen bei lebendigem Leibe (siehe Richt. 9,49). Dies war eine grausame und gemeine Tat. Die Ermordung von Zivilbevölkerung, besonders Frauen, kam einem Völkermord gleich.

Als nächstes ging Abimelech nach Thebes, einer nahegelegenen Stadt, und nahm sie ein, doch einige Einwohner suchten in einem anderen Turm Zuflucht. Er beschloss, auch sie lebendig zu verbrennen, wie er es gerade mit den Leuten von Sichem getan hatte. Als sich Abimelech jedoch dem Turm näherte, warf eine Frau einen Mühlstein auf seinen Kopf und „zerschmetterte ihm den Schädel“ (Richt. 9,53). Als er im Sterben lag, war er mehr bekümmert über die Tatsache, dass ihn eine Frau niedergestreckt hatte, als über seinen bevorstehenden Tod. Daher befahl er seinem Waffenträger: „Zieh dein Schwert und töte mich, damit man nicht von mir sagt: ‚Eine Frau hat ihn erschlagen!'" (Richt. 9,54).

Der Stolz und der Fall

Der Verweis auf den Berg Zalmon verbindet die Geschehnisse in Psalm 68 mit dem letztendlichen Zertreten von Satans Kopf und der Rolle, die Frauen dabei spielen werden. Die Parallelen sind signifikant. Abimelech, die Personifizierung des Bösen, bekam seinen Kopf von einer Frau zerschmettert. Genau wie Abimelech Frauen verabscheute, so hat sie auch der Teufel für grausamere Behandlung vorgesehen. Indem er seine Armee lehrte, Äste abzuhauen, die dann als Feuerholz benutzt werden konnten, um einen sonst unzerstörbaren Turm zu einem menschlichen Scheiterhaufen zu machen, verwandelte er einen gewöhnlichen Baum in eine neuartige Zerstörungswaffe. Dies entspricht dem, wie Satan den Baum im Garten Eden zu einer tödlichen Waffe machte. Zweifellos gab ihm sein Sieg in Sichem große Zuversicht. Doch als er dieselbe Strategie ein zweites Mal anzuwenden versuchte, zerschmetterte ihm eine Frau den Kopf, bevor er eine Chance hatte, es zu wiederholen.

Ebenso scheint Satan zur Zeit den Kopf vorne zu haben, weil Evas Übertretung eine signifikante Unterdrückung der Frauen auslöste. So fühlt er sich auch nicht durch ihren niedrigen Status, besonders im 10/40-Fenster, bedroht, wo so viele von in Türmen ihnen eingekerkert sind, die mit den Steinen und dem Mörtel des religiösen Fanatismus erbaut wurden. Satan hatte einmal Erfolg und denkt, genau wie Abimelech, er könne es nochmals tun – mit dem Unterschied, dass sein Kopf bald zerschmettert werden wird. Dies wird ihn überraschen, weil genau der Turm, in dem Satan Menschen gefangen hält, den Stein in Gang setzen wird, der Zermalmung bringt.

Der wunde Punkt des Islam

Eine der größten sozialen Schwächen des Islam ist die Behandlung der Frauen. Sie stellen 50 Prozent der moslemischen Welt dar und sind auf eine so niedrige Stufe hinuntergedrückt worden, dass sie nichts mehr zu verlieren haben. Wenn die Hälfte der Menschen in einer Bewegung – egal wie stark sie auch sein mag – sich aufgrund von etwas Unabänderlichem wie ihrem Geschlecht in einer hoffnungslosen Situation befindet, dann werden diese zu einem losen Faden in dessen sozialem Gefüge.

Dies ist ein Faden, der, wenn er gezogen wird, das ganze Gewebe jener Gesellschaft offenbaren wird. Dies ist der geistliche Eindruck, den Aglow International im Jahre 1995 empfing[12]. Als Konsequenz dessen fokussierten Frauen in aller Welt ihre Gebete und Fürbitte auf das 10/40-Fenster. Sie glauben, dass Gott jeden Augenblick den weiblichen Faden ziehen und das soziale Gefüge des Islam sich auflösen wird.

Verzweifelte Menschen tun verzweifelte Dinge, um eine verzweifelte Situation zu verändern. Wie die Israeliten in Ägypten – von mächtigen Unterdrückern an ihre Grenzen getrieben und ohne alle menschliche Hoffnung in Sicht –, so könnten die Frauen im Islam schließlich den Israeliten nacheifern, die „schrieen um Hilfe. Und ihr Geschrei wegen der Arbeit stieg auf zu Gott" (2. Mose 2,23).

Gott hat schon immer den Schrei schmerzerfüllter Menschen gehört, was bei Hagar begann, als sie in die Wüste floh und mit Ismael schwanger war. Könnte es sein, dass ihre Nachkommen, die Frauen im Islam, bald aus Verzweiflung zu Gott schreien und zu einem großen Heer weiblicher Evangelisten werden? Ich glaube fest daran.

Ein Präventivschlag

Der Hinweis auf Schnee, der auf den Berg Zalmon fällt, scheint eine Referenz auf einen Präventivschlag Gottes zu sein. Der Berg Zalmon ist dort, wo Abimelech Äste abschlug, um den Turm anzuzünden. Wäre jedoch genau in jenem Augenblick Schnee gefallen, wären seine diabolischen Pläne gescheitert, weil Schnee die Tendenz hat, Äste für den sofortigen Gebrauch als Feuerholz untauglich zu machen!

Die Parallele zum letztendlichen Zerschmettern von Satans Kopf innerhalb des 10/40-Fensters unter Einsatz von Frauen, von denen er meint, sie stellten aufgrund ihrer niedrigen Stellung keinerlei Bedrohung dar, könnte nicht deutlicher sein!

Warum Frauen?

Warum sollte Gott für eine solch entscheidende Schlacht Frauen gebrauchen? Ganz einfach: Die *Eröffnungs*runde des Kampfes schloss den Teufel und eine Frau ein, nicht einen Mann. Es ist daher nur logisch zu schlussfolgern, dass die *letzte* Runde der endgültigen Konfrontation auch Frauen einschließen wird.

Einige mögen auf die Tatsache verweisen, dass Eva die erste Runde verloren hat, und daraus schließen, dass Frauen in diese Art von Konfrontation nicht involviert werden sollten. Doch haben sie jemals das Wort „Rückspiel“ vernommen?

In 1. Mose 3,15 kündigt Gott selbst ein Rückspiel an, und er stellt fest, dass die Frau und ihr Same daran teilhaben werden. Psalm 68 liefert eine Flut von Details, wie und wo es geschehen wird.

Ein weiterer Grund dafür, Gottes Erwählung der Frau zu akzeptieren, besteht einfach darin, dass Gott Gott ist und als solcher das Recht hat, Dinge so zu tun, wie er es möchte. Dies ist es, worauf der Verweis auf Basan in den Psalmen hindeutet: „Ein Berg Gottes ist der Berg Basans, ein gipfelreicher Berg ist der Berg Basans“ (Ps. 68,15).

Interessanterweise nennt Gott den Basan einen gipfelreichen Berg. Basan ist jedoch überhaupt kein Berg, sondern ein Hochplateau ohne jeden Gipfel, geschweige denn „gipfelreich“. In diesem Teil spricht Gott zu Bergen, die Gipfel haben: „Warum lauert ihr neidisch, ihr gipfelreichen Berge, auf den Berg, den Gott zu seinem Wohnsitz begehrt hat?“ (Ps. 68,16).

Dies scheint eine Zurechtweisung an diejenigen zu sein, die sich gegen Gottes Erwählung der Frauen für diesen wichtigen letzten Schlag stellen. Wenn er beschließt, ein Hochplateau als Berg zu bezeichnen und ihm viele Gipfel zuzusprechen – er ist Gott und kann es tun, wann immer er will.

Einige sagen: „Aber Frauen haben nie alleine einen Kampf geführt. Krieg ist Männersache.“ Und Gott könnte etwa antworten: „Habt ihr vergessen, dass ich der Gott bin, der alle Dinge geschaffen hat? Wenn ich ein Meer wie Wände stehen lassen oder ein Tal von trockenen Gebeinen in ein Heer verwandeln kann, kann ich auch beschließen, Frauen als Armee zu gebrauchen.“

Genau wie Petrus, der fragte: „Herr, was soll aber dieser?“ (Joh. 21,21), so mögen viele eine Antwort erwarten, Gott aber wird ihnen keine geben. Stattdessen wird Gott wie Jesus antworten: „Was geht es dich an? Folge du mir nach!“ (Joh. 21,22).

Gottes Plan

Abimelech hätte nie gedacht, dass ihm von einer Frau etwas angetan werden könnte, wo er doch so kurz davor stand, seine Feinde auszulöschen. Völlig unerwartet fand jedoch eine Frau den Willen zu kämpfen, anstatt hilflos auf ihren Untergang zu warten, und errang einen unerwarteten Sieg!

Dies ist der siegreiche Ausgang, den Gott als Krönung des Rückspiels zwischen der Schlange und der Frau und ihrem Samen geplant hat. Jahrhunderte von Unterdrückung werden ein Ende finden, und die Schönheit und Kraft der Frau wird zur Schau gestellt sein, genau wie das Gold auf den Schwingen von Tauben im Flug.

Die Frage ist nicht *ob*, sondern *wann*. Mit dieser Absicht ist ein Wiederherstellungsprozess im Gange, der seinen Höhepunkt erreichen wird, wenn Frauen mit Männern Seite an Seite dienen werden (Knechte und Mägde, Söhne und Töchter), wie es von Joel vorausgesagt wurde (siehe Joel 2,28-29). Dieser Prozess verlangt die Wiederherstellung der Männer als Voraussetzung für die Wiederherstellung der Frauen, da unser himmlischer Kommandant sicherstellen möchte, dass während dem Höhepunkt des Gegenspiels die Männer die Frauen nicht im Stich lassen werden, wie Adam Eva im Stich ließ. Lass uns dies im nächsten Kapitel betrachten.

8. Die Wiederherstellung von Mann und Frau

Seit Satan Adam und Eva betrog, ist Gott um Wiederherstellung bemüht, angefangen bei den ersten Tieren, die er zur Herstellung von Kleidung zur Bedeckung ihrer Nacktheit opferte bis hin zum Vergießen des Blutes Jesu zur Sühnung der Sünden der Welt. Die intensivste Periode der Wiederherstellung ist jedoch für die Endzeit, kurz vor der letzten Konfrontation mit dem Bösen reserviert.

Zwei der wichtigsten Prophetien der Bibel beschreiben die Wiederherstellung der Frau im Kontext der Verfestigung des Reiches Gottes auf Erden. Eine hat mit dem Kommen des Messias und dem Zertreten des Kopfes Satans zu tun; die andere schließt die Ausgießung des Heiligen Geistes auf alle Menschen zur Befreiung einer großen Anzahl von Gefangenen aus Satans geistlichen Kerkern ein.

Die erste findet sich in 1. Mose 3,15 und wurde in vorhergehenden Kapiteln schon ausführlich erläutert. Die zweite wird von Petrus in Apostelgeschichte 2,17-21,34-35 zitiert:

> Und es wird geschehen in den letzten Tagen, spricht Gott, dass ich von meinem Geist ausgießen werde auf alles Fleisch, und eure Söhne und eure Töchter werden weissagen, und eure Jünglinge werden Gesichte sehen, und eure Ältesten werden Traumgesichte haben; und sogar auf meine Knechte und auf meine Mägde werde ich in jenen Tagen von meinem Geist ausgießen, und sie werden weissagen. Und ich werde Wunder tun oben am Himmel und Zeichen unten auf der Erde: Blut und Feuer und Rauchdampf; die Sonne wird verwandelt werden in Finsternis und der Mond in

Blut, ehe der große und herrliche Tag des Herrn kommt. Und es wird geschehen: jeder, der den Namen des Herrn anrufen wird, wird errettet werden.

Der Herr sprach zu meinem Herrn: Setze dich zu meiner Rechten, bis ich deine Feinde lege zum Schemel deiner Füße.

Vier Ähnlichkeiten und ein großes Missverständnis

Beide dieser in der Apostelgeschichte zitierten alttestamentlichen Prophetien wurden zu Beginn wichtiger Ausgießungen des Heiligen Geistes ausgesprochen, und die Erfüllung jeder einzelnen ist für den endgültigen Sieg der Gemeinde über Satan entscheidend. Sie haben auch vier eindrückliche Merkmale.

1. Gott spricht selbst, anstatt einen Propheten prophezeien zu lassen (siehe 1. Petr. 1,20-21).
2. Sie wurden gegeben, als Gott in Vergeltung großer satanischer Angriffe göttliche Gegenangriffe startete (die Ankündigung des Erlösers in 1. Mose 3,15 und die Gründung der Gemeinde in Apg. 2), die den irrigen Eindruck eines Sieges des Teufels erweckten (der Fall im Garten Eden und die Kreuzigung Jesu auf Golgatha).
3. Beide Aussprüche prophezeien die letztendliche Niederlage des Teufels – das Zertreten seines Kopfes in der ersten Prophetie (siehe 1. Mose 3,15) und das Verwandeln von ihm und seinen Dämonen in einen Fußschemel für Jesu Füße in der anderen (siehe Apg. 2,34-35).
4. Beide schildern Frauen in prominenten Rollen – den Samen tragend, der Satan in der einen Begebenheit besiegen wird, und in der anderen Begebenheit prophezeiend Seite an Seite mit Männern in einem weltweiten, breitgefächerten Vorstoß, der die Befreiung der Gefangenen Satans zum Ziel hat.

Wir nehmen oft an, diese außergewöhnlichen Aussagen seien schon *vollständig* erfüllt worden. Wenn auch ein signifikantes Maß an Erfüllung schon stattgefunden hat, so steht doch der größte Teil noch aus. Dies ist ein wichtiges Merkmal aufgrund der Rolle, die der Frau in beiden Situationen zugewiesen ist.

Sieg im geistlichen Bereich

Lass uns zuerst das Zertreten von Satans Kopf näher untersuchen.

Es ist wahr, dass Satan tödlich verwundet wurde, als Jesus Christus am Kreuz sein kostbares Blut vergoss, in den Hades hinabstieg und siegreich auferstand, nachdem er seine Autorität über den Teufel und seine Dämonen geltend gemacht hatte (siehe Eph. 4,8-10). Dies stellt jedoch nicht die letzte Runde dar, sondern lediglich ein sehr wichtiges Eröffnungsspiel (1. Kor. 15,24-26 lautet: „Dann das Ende, wenn er das Reich dem Gott und Vater übergibt; wenn er alle Herrschaft und alle Gewalt und Macht weggetan hat. Denn er muss herrschen, bis er alle Feinde unter seine Füße gelegt hat.“)

Christi Tod bezahlte die Strafe für unsere Sünden, indem er das feindliche Dekret ungültig machte, das der Teufel gegen uns erlassen hatte (siehe Kol. 2,14) und einen sicheren Weg für Gott schuf (siehe Joh. 14,6).

Der Sieg Jesu am Kreuz hatte jedoch im Moment seines Eintretens in erster Linie Auswirkung auf Satan und seine Dämonen, die Jesus entwaffnete und „öffentlich zur Schau stellte“ (Kol. 2,15).

Solch ein Ausgang ließ in der geistlichen Welt keinerlei Zweifel offen, dass Jesus der Sieger und Satan der Besiegte ist. Die Engel im Himmel sahen es geschehen, und die Dämonen in der Hölle wurden von ihm unterworfen. Niemand in den himmlischen Welten blieb es verborgen, dass Satan bei weitem unterlegen war.

Dennoch musste den meisten Gefangenen auf Erden – damals wie heute – noch von der Freiheit erzählt werden, die durch Jesu Blut erlangt worden war. Weil Satan keinerlei Absichten hat, seine Gefangenen kampflos gehen zu lassen, bestand der letzte offizielle Akt Jesu darin, seine Jünger zu beauftragen, bis an die Enden der Erde zu gehen und seine ewige Vergebung zu verkündigen (siehe Apg. 1,5.8).

Wohlbefunden auf dem Planeten Erde

Die Tatsache, dass die Gemeinde berufen ist „gegen die Mächte, gegen die Weltbeherrscher dieser Finsternis“ zu kämpfen und „den Schild des Glaubens, mit dem ihr alle feurigen Pfeile des Bösen auslöschen könnt“ aufzugreifen (siehe Eph. 6,12.16) zeigt uns, dass Satans Kopf noch nicht zertreten ist, zumindest nicht genug, um ihn vollständig außer Gefecht zu setzen; ebenso wenig wurde sein Reich auf Erden aufgelöst. 1. Korinter 15,25 erklärt: Christus „muss herrschen, bis er alle Feinde unter seine Füße gelegt hat.“

Obwohl Satan auf Golgatha tödlich verwundet wurde, verblendet er immer noch die Augen der Menschen gegenüber dem Licht des Evangeliums (siehe 2. Kor. 2,11;4,4). Er wäre nicht fähig, Menschen irrezuführen, wenn er außer Gefecht gesetzt wäre. Paulus bezeugt dazu: „Der Gott des Friedens aber wird (Zukunft) in kurzem den Satan unter euren Füßen zertreten“ (Röm. 16,20). Der greifbare Beweis der Bollwerke Satans weltweit ist Beweis genug, dass der *letzte* Schlag auf den Kopf Satans noch bevorsteht.

Unsere Unwissenheit

Wenn wir diesen Punkt ignorieren, gibt das dem Teufel einen gewaltigen Vorteil. Wenn wir annehmen, er sei für uns oder für die Verkündigung des Evangeliums keinerlei Bedrohung, kann er weiterhin im Verborgenen wirken. Schlimmer noch: Die Rolle der Frauen in dem großen Rückspiel wird übersehen. Da die ganze Gemeinde notwendig sein wird, um Satans Kopf zu zertreten, *und die Hälfte der Gemeinde aus Frauen besteht*, müssen diese auf das gleiche Niveau gebracht werden. Das ist der Punkt, wo der Wiederherstellungsprozess ins Spiel kommt.

Joel missverstanden

Ein ähnliches Missverständnis kann auch bezüglich der Prophetie Joels auftreten. Joel sprach davon, dass der Geist Gottes auf *alles Fleisch* ausgegossen würde. „Alles Fleisch“ bedeutet die Bevölkerung der ganzen Welt; bis zum heutigen Tage ist jedoch nur ein gewisser Teil vom

Geist Gottes berührt worden. Außerdem stehen im Moment Frauen und Männer („Söhne und Töchter... Knechte und Mägde werden weissagen“) noch nicht inmitten einer weltweiten Seelenernte partnerschaftlich im Dienst beisammen. In den *meisten* Ländern ist keine massive Ausgießung geschehen, und Frauen werden immer noch als Bürger zweiter Klasse angesehen, sowohl in der Gesellschaft im Allgemeinen als auch oft in der Gemeinde.

Petrus präsentierte das Geschehen von Pfingsten nicht als die letztendliche Erfüllung der Prophetie Joels, sondern als etwas, was mit den von dem Propheten vorhergesagten Geschehnissen einher ging, wovon die Ausgießung des Heiligen Geistes der *Anfang* war. Es ist definitiv ein *Prozess* – entworfen für kontinuierliches Wachstum, der schließlich bei der Vollendung des Wiederherstellungsprozesses seinen Höhepunkt erreicht.

Dieser momentan weltweit ablaufende Prozess involviert mehrere unterschiedliche Elemente der Wiederherstellung: Fürbitte, geistliche Kampfführung, Einheit, Evangelisation, Männer und letztendlich auch Frauen.

Fürbitte

Mit Beginn des neuen Milleniums sind weltweit Fürbitter hervorgegangen, die Gottes strategische Waffen und Taktik-Teams (Strategic Weapons And Tactic) darstellen. Das Emporkommen dieser SWAT-Einheiten ist ein sehr neuartiges Phänomen, vor 10 Jahren waren sie praktisch unbekannt. Die meisten Beobachter erkennen den Start dieser SWAT-Teams in der Versammlung einer Gruppe von Vor-Ort-Fürbittern durch C.Peter Wagner während des Lausanne II-Kongresses auf den Philippinen im Jahr 1989[13]. Mehr als ein Jahrzehnt später sieht jede signifikante Aktivität in der Christenheit, während und nach der Veranstaltung Fürbitter vor. Fürbitte ist definitiv wiederhergestellt worden und wird uns auch erhalten bleiben.

Geistliche Kampfführung

Ein weiteres Gebiet der Wiederherstellung betrifft die Wiederentdekkung der geistlichen Kampfführung als biblische Waffe. Vor nicht allzu langer Zeit sah die vorherrschende Meinung folgendermaßen aus: „Ignoriere den Teufel, und er wird fliehen." Dies ist das genaue Gegenteil der Ermahnung, die uns in Jakobus 4,7 gegeben wird: „Wiedersteht dem Teufel, und er wird von euch fliehen." Seit Lausanne II hat die christliche Gemeinde das Mandat wiederentdeckt, dass wir gegen die Schliche des Bösen feststehen sollen, und dass wir ihm widerstehen müssen, *bis er flieht*.

Einheit

Christen haben immer an Einheit geglaubt, aber bis vor kurzem ist sie eher ein Ideal gewesen, dem man nachstreben sollte, als ein erreichbares Ziel. Heute spiegelt der Ausdruck „eine Gemeinde, bestehend aus vielen Versammlungen" den Normalzustand in vielen Städten in der Welt wider.

Evangelisation

Die Gemeinde ist auch dabei, eine dringliche evangelistische Vision in Form einer Bewegung wiederzuentdecken, die sich zum Ziel setzt, ganze Städte zu erreichen. Als John Dawson Ende der 80er Jahre sein Buch „*Taking Our Cities For God*" schrieb, war das Konzept so neu und herausfordernd, dass die meisten keinerlei Bezug dazu hatten.

Heute gedeihen überall auf der Welt Projekte zur Einnahme von Städten, und einige beginnen sich zu landesweiten Vorstößen zu entwikkeln. Die Frage lautet nicht länger ob, sondern vielmehr wann unsere Städte und Nationen für Jesus erreicht werden. George Otis Juniors Video *Transformations* hat klar aufgezeigt, dass ganze Städte erreicht werden können und, noch besser, dass einige wirklich verändert werden.

Männer und Frauen

Die Wiederherstellung von Männern ist zur Wiederherstellung der Frauen unerlässlich. Den größten Teil des 20. Jahrhunderts hindurch sind Männer, ganz besonders amerikanische Männer, nicht wirklich geistliche Leiter und Beschützer gewesen, vor allem nicht zu Hause. Viele von ihnen haben eine drastische Unfähigkeit bewiesen, innige Beziehungen zu den Frauen in ihrem Leben einzugehen, seien es ihre Mütter, Schwestern oder Frauen. Viele dieser Wurzeln reichen in die beiden Weltkriege zurück. Keine Nation kann sich leisten, fünf lange Jahre den Großteil ihrer männlichen Bevölkerung zwischen 18 und 35 Jahren nach Übersee zu senden, ohne eine signifikante soziale Störung zu ernten. Dies wird noch verschlimmert, wenn dies von der massiven Versetzung von Frauen vom Haushalt in Fabriken begleitet wird, um Arbeiten zu tun, die traditionell Männern zugewiesen waren. Das Zusammenschweißen, das in Kampfsituationen stattfindet, ein Phänomen, das die meisten Männer im 1. und 2. Weltkrieg erlebten, verstärkt noch die Geschlechterkluft.

Nach dem Waffenstillstand kehrten Hunderttausende von Männern zu ihren Müttern, Schwestern, Freundinnen und Ehefrauen heim – alle zur selben Zeit! Sie kehrten zu Frauen zurück, die sozial entwurzelt worden waren, was beide Gruppen ohne traditionelle Verankerung zurückließ. Als Konsequenz davon erwies sich eine korrekte Eingliederung oder Wiedereingliederung als sehr schwierig oder in vielen Fällen auch als unmöglich. Nach einiger Zeit wurde es für Männer einfacher, aufzugeben oder Beziehungen mit anderen Männern einzugehen, was sie ja schon in Übersee getan hatten. Letzten Endes verletzte dies ihre Ehen, ihre Familien und schließlich auch ihre Kinder. Vergiss dabei nicht, dass diese schwere soziale Störung im letzten Jahrhundert nicht nur einmal, sondern zweimal geschah.

Der Vulkan bricht aus

Wenn auch die Oberfläche solide aussah, so gab es da doch eine mächtige tiefliegende Strömung, die an die Oberfläche kam, als die nach dem zweiten Weltkrieg geborenen Kinder das Teenageralter erreichten. In den 60er und 70er Jahren eroberten Hippies und Blumenkinder trotzig die Straßen auf der Suche nach sich selbst. Traditionelle Werte wurden summarisch mit Füßen getreten und abgelehnt. Verwirrte Kinder kritisierten ihre unsicheren Eltern, und ganz plötzlich fielen zwei Generationen in einen Abgrund – ohne ein Seil von oben oder ein Sicherheitsnetz von unten.

Werte wie Verbindlichkeit, Keuschheit und Loyalität wurden aus der Seele einer ganzen Nation gerissen. Das Versagen der Männer, ihre gottgegebene Rolle als Beschützer und Versorger auszuüben, beeinträchtigte Frauen und Kinder, nahm ihnen ihre Sicherheit und beschädigte ihre Identität. Viele Frauen klammerten sich im vergeblichen Versuch, eine Verankerung inmitten eines katastrophalen sozialen Taifuns zu finden, an den hohlen Stamm des Feminismus. Als Resultat wurde das soziale Geflecht zuhause gravierend geschädigt und das Rückgrat der Familie gebrochen, was Millionen von Menschen mit dem schmutzigen Überrest dreckiger Schuld zurückließ.

Genau dieses unbarmherzige soziale Chaos stellte auch die Notwendigkeit der Wiederherstellung der Männer klar vor Augen. Die Promise Keeper Organisation ist ein Beispiel für viele von Gott gebrauchte Vehikel beim Eintritt in ein neues Jahrtausend.

Männer sind geschaffen, Beschützer und Versorger zu sein. Versagen sie in einem von beiden, schafft dies ein Vakuum mitten im Zentrum ihrer Identität. Wenn die Identität auf diese Weise kompromittiert wird, erleidet das Selbstwertgefühl einen Bankrott, und Hoffnungslosigkeit greift um sich. Die biblische Botschaft von Buße und Wiederherstellung durch Dienste wie die Promise Keepers wird von Millionen von Männern begeistert aufgenommen, weil sie diese als den einzigen Ausweg sehen. Die meisten der über drei Millionen Männer, die an Zusammenkünften in Stadien teilgenommen haben, sind bleibend verändert worden. Indem sie ihre gottgegebene Rolle wieder zurückfordern, beginnen sie die Schutzmauer wieder aufzubauen, die so für die Wiederherstellung der Frau unerlässlich ist.

Die Wiederherstellung der Frau

Die Wiederherstellung der Frau ist die zentrale Botschaft dieses Buches. Dies ist definitiv die letzte und dynamischste Barriere, bevor uns der letzte Schlag auf Satans Kopf am Ziel ankommen lässt.

Frauen waren schon immer an der Frontlinie des Werkes Gottes in seinem Reich involviert. Während Männer anderswo waren, „bemannten“ Frauen die Schützengräben in der Gemeinde. Frauen sind eine so wichtige Stütze, dass die meisten Gemeinden über Nacht schließen müssten, wenn die Frauen plötzlich die Arbeit liegen lassen würden!

Das Potential der Frauen im Reich Gottes wurde jedoch durch den Mangel an Schutz negativ beeinträchtigt, den Männer eigentlich geben sollten. Wie damals Eva im Garten Eden, sind Frauen heutzutage gegen den Teufel aufgestanden, waren aber nicht fähig, ihn zu zermalmen.

Zuerst die Wiederherstellung der Männer

Es mag widersprüchlich erscheinen, dass die Wiederherstellung der Männer in größerer Freiheit und Effektivität für Frauen resultieren könnte. Klarer wird dies jedoch, wenn wir verstehen, dass Männer auf einzigartige Weise dazu erschaffen sind, Frauen Schutz zu gewähren. Genau wie Männer ohne Frauen nicht vollständig sind, werden Frauen ohne männlichen Schutz für die Schliche ihres Erzfeindes anfälliger. Evas Fall wurde erst durch Adams Vernachlässigung seiner Verantwortung als Beschützer möglich.

Männer als Wiederhersteller

Die Lehre für die Männer lautet, das genaue Gegenteil dessen zu tun, was Adam tat, als ihn die Sünde Evas zum ersten Mal berührte. Adam verleugnete Eva als seine Frau und sagte Gott in einem Akt völliger Feigheit: „Die Frau, die du mir zur Seite gegeben hast, sie gab mir von dem Baum“ (1. Mose 3,12). Mit anderen Worten, Adam zeigt mit dem Finger auf sie und sagt: „Sie hat mich dazu veranlasst!“ Er entschied sich einfach zu vergessen, dass sie Fleisch von seinem Fleisch und Bein von seinem Bein war, und verleugnete sein Einssein mit der Frau, die Gott extra für ihn entworfen hatte.

In 1. Timotheus 2,8-13 befiehlt Paulus den Ehemännern, das genaue Gegenteil zu tun, indem sie sich in der Öffentlichkeit zu ihren Frauen stellen (V. 8), dafür sorgen, dass deren Gottesfurcht offensichtlich wird (V. 9), und indem sie sie in einer geborgenen Umgebung, dem

Heim, lehren, was sie selbst wissen (V. 11). Paulus sagt mit anderen Worten: „Deine Frau ist deine Gehilfin, deine unentbehrliche Ergänzung, also hilf ihr, besser auszusehen, sich besser zu fühlen, und mehr Erkenntnis zu bekommen.“ Dies ist das genaue Gegenteil davon, was Adam im Garten Eden tat.

Weiterhin sagt Paulus im fünften Kapitel des Epheserbriefes den Ehemännern, dass sie sich vor ihren Frauen demütigen sollen (V. 21), dass sie sich ihren Frauen hingeben sollen wie Christus sich der Gemeinde gab (V. 25) und dass sie ihre Frauen so sehr lieben sollen wie ihren eigenen Körper (V. 28). Diese Bibelstelle ergänzt 1. Timotheus 2,8-15. Sie bestätigt somit die Notwendigkeit, dass christliche Männer das Unrecht entfernen, das durch Adams Reaktion auf Evas Übertretung hervorgerufen wurde.

Das ist der Grund, warum die letztendliche Wiederherstellung der Frau von der fortwährenden Wiederherstellung des Mannes abhängig ist, damit Ehen die Intimität widerspiegeln können, die zuerst im Garten Eden sichtbar war, als beide Geschlechter zusammen in der Gegenwart Gottes lebten und arbeiteten. Männer sollen dazu fähig sein, ihre Ehefrauen als das Zentrum ihrer Liebe, Ehrerbietung und Aufmerksamkeit zu sehen. Dazu müssen wir verstehen, dass Männer heute nicht anders sind, als Adam es war. Sie stehen vor denselben Herausforderungen und sind ähnlichen Begrenzungen unterworfen.

Lass uns sehen, wie dies überwunden werden kann, denn die Geschlechterkluft ist das, was Satans Imperium aufrechterhält. Nichts gefällt Satan besser, als wenn Männer es nicht fertig bringen, sich mit Frauen zu versöhnen.

9. Männer haben viel mit Adam gemeinsam

Der Mangel an Versöhnung zwischen Männern und Frauen ist das, was das weltweite Lügensystem aufrechterhält, das der Teufel dazu gebraucht, um Frauen zu entehren und Männer zu verkrüppeln. Wir müssen unbedingt herausfinden, warum es für Männer nicht einfach ist, Frauen zu verstehen, und welche Vorsorge Gott getroffen hat, um diese Restwirkung des Sündenfalls zu überwinden.

Adam hatte noch niemals eine Frau gesehen, bis Gott Eva vor ihn stellte. Seine anfängliche Überraschung, und vor allem die Art und Weise, wie er damit umging, gibt uns einen wichtigen Schlüssel zum Verständnis moderner Schwierigkeiten zwischen den Geschlechtern.

Als Adam jener Person vorgestellt wurde, von der er überhaupt nichts wusste, versuchte er sich ein Bild von ihr zu machen, anstatt Fragen zu stellen. Er ging vom Bekannten – „du bist Bein von meinem Bein, du bist Fleisch von meinem Fleisch" – hin zum Unbekannten – „du bist eine Männin." Den ersten Teil verstand er; der zweite Teil verblüffte ihn völlig. Adams Verhalten entspricht genau der allgemeinen Haltung von Männern Frauen gegenüber. Die meisten Männer sind wie Adam – sie werden vom physischen Aussehen einer Frau gefesselt – Fleisch *von meinem Fleisch* –, tendieren jedoch dazu, alles Weitere in ein allumfassendes Etikett hineinzustopfen: „Frau." Für gewöhnlich entgeht ihnen dabei völlig, dass der Inhalt, den sie nicht sehen, viel größer und ausgeklügelter ist als lediglich die äußere Hülle vor ihnen. Immer und immer wieder, wenn Männer es nicht schaffen, die Taten oder Gedanken einer Frau zu verstehen, schließen sie die Sache mit der Bemerkung ab: „Nun, sie ist eben eine Frau."

Wenn Männer die Kontur der Seele einer Frau mit demselben Interesse studieren würden, mit dem sie die Form ihres Körpers erforschen, dann gäbe es wenige Missverständnisse zwischen den Geschlechtern. Leider verschafft die Unwissenheit darüber, was in einer Frau steckt, einen guten Nährboden für die religiöse Heuchelei, die so viele vorurteilsvolle Reaktionen auf weibliches Verhalten charakterisiert.

Wenn Frauen wiederhergestellt werden sollen, dann ist es unerlässlich, Wege zu finden, damit die Männer ihre weiblichen Gegenstücke nicht nur bewundern, sondern auch so akzeptieren können, wie sie sind. Eine ausgewachsene Akzeptanz von Frauen wird ihnen erlauben, die kreative Spannung willkommen zu heißen, die entsteht, wenn Menschen zusammenkommen, die ähnlich, jedoch auch unterschiedlich genug sind, um sich gegenseitig aus der Reserve zu locken.

Dazu erschaffen, ein Mysterium zu bleiben

Frauen sind wie ein faszinierendes, bezauberndes, überraschendes und manchmal verwirrendes Buch. Jedes Mal, wenn Männer bis zur letzen Seite kommen und das Gefühl haben, nun alles gelernt zu haben, was zu lernen ist, wird über Nacht ein ganz neuer Band hinzugefügt!

Die Ironie darin ist nur, dass es gerade diese unergründliche weibliche Dimension ist, die Frauen so begehrenswert macht. Wenn die Männer fähig wären, sie völlig zu verstehen, würden sie sich gelangweilt fühlen und versuchen, die Frauen ganz umzugestalten. Das ist der Grund, warum Männer angewiesen werden, „mit Einsicht“ mit Frauen umzugehen (1. Petr. 3,7). Sie müssen sie fortwährend studieren und unermüdlich beobachten, nicht um zu widerlegen oder zu verändern, was sie nicht verstehen, sondern um Frauen so zu akzeptieren, wie sie sind.

Viele Männer tun genau das Gegenteil. Sie beobachten Frauen lange genug, um eine Liste von den Dingen zu erstellen, die sie vom Standpunkt eines Mannes aus für falsch halten; dann versuchen sie, sie nach männlichen Entwürfen umzugestalten. Nach unzähligen Versuchen, Frauen umzugestalten, entdecken Männer, dass Frauen nicht verändert werden können. Anstatt Frauen so zu akzeptieren, wie Gott sie geschaffen hat, werden Männer frustriert und hoffnungslos. Männer sollten eine andere Möglichkeit in Betracht ziehen: dass Frauen anders sind, weil sie eben nicht geschaffen wurden, um Männern zu dienen, sondern um mit einer sich *ergänzenden* Stärke *mit* ihnen zusammen zu dienen.

Die Ehefrauen sollen geehrt werden

Gott ist es damit so ernst, dass er harte Strafen für Männer vorgesehen hat, die nicht mit Einsicht mit ihren Frauen zusammenleben:

> Ihr Männer ebenso, wohnt bei ihnen mit Einsicht als bei einem schwächeren Gefäß, als dem weiblichen, und gebt ihnen Ehre als solchen, die auch Miterben der Gnade des Lebens sind, damit eure Gebete nicht verhindert werden. 1. Petrus 3,7

Beachte bitte Hinweis darauf, dass Frauen Miterben der Gnade des Lebens sind. Männer haben kein Problem damit, die Gnade Gottes großzügig mit Frauen zu teilen, aber die *Gnade des Lebens*, über die Petrus hier spricht, ist etwas anderes. Es bedeutet, dass auf diesem Planeten Männer und Frauen gemeinsame Pächter sind – Miterben, Mitunterzeichnende und Mitverwalter. Der Grundtenor ist: Frauen haben dieselben Rechte, wie Männer.

Jeder Mann, der diesem Befehl nicht gehorcht, wird erleben, dass seine Gebete verhindert werden. Gott wird nicht auf Männer hören, solange diese nicht auf ihre Frauen hören. An diesem Punkt hat Gott eine eindeutige Position bezogen, um sicherzustellen, dass Frauen richtig behandelt werden.

Gott ermahnt die Männer, ihre weiblichen Gegenstücke wirklich zu verstehen. Leider endet diese Kenntnis oft am äußeren Rand weiblicher Anatomie. Eine unerfreulich große Anzahl Männer macht keinerlei unvoreingenommenen Versuch, um herauszufinden, was in der Seele, im Verstand und im Herzen einer Frau vorgeht. Diese Haltung ist genau das Herzstück der Geschlechterkluft, weil niemand schätzen kann, was er nicht versteht.

Gottes Befehle an Männer

Frauen sind anders, und die Bibel legt fest, dass die Verantwortung, sie zu verstehen, bei den Männern liegt. In 5. Mose 24,5 wird einem Ehemann befohlen, sofort nach der Eheschließung ein Jahr zu Hause zu bleiben – mit dem Zweck, seine frischvermählte Frau glücklich zu machen. In Epheser 5,28 wird einem Ehemann befohlen, seine Frau so sehr zu lieben, wie er seinen eigenen Körper liebt. In Matthäus 19,5 wird ein Mann angewiesen, seinen Vater und seine Mutter zu verlassen und seiner Frau anzuhangen, bis die beiden ein Fleisch werden. Sie werden eins, wenn sie eine neue Identität erlangen. Auch wenn sie zwei Individuen bleiben, werden die beiden doch eins in der Ehe.

In jedem Fall liegt die vorrangige Verantwortung für die Entwicklung einer angenehmen Atmosphäre zu Hause nicht so sehr bei der Frau, sondern vielmehr beim Mann. Er ist derjenige, dem Gott die Verantwortung auferlegt, sie glücklich zu machen, sie zu lieben, wie er sich selbst liebt, und ihr anzuhangen, bis ihre gemeinsame neue Identität geschmiedet ist. Diese Einheit ist so stark, dass sie, was Gott anbetrifft, untrennbar ist.

Das Bedürfnis des Mannes nach der Frau

Diese Befehle wären in der Schrift nicht so hervorstechend betont, wenn Gott nicht eine zwingende Notwendigkeit ihrer Erfüllung sehen würde.

Es ist sehr wichtig, die biblische Perspektive in dieser Sache zu unterstreichen, weil so viele Frauen unter schrecklichen Schuldgefühlen leiden, wenn sie mit ernsthaften Problemen in ihrer Ehe oder Familie konfrontiert werden. Sie meinen, sie seien diejenigen, die versagt haben, wenn doch tatsächlich die Ehemänner in jeder Situation eine signifikante Verantwortung für das Ergebnis tragen. Dieses ungesunde falsche Schuldgefühl muss verworfen werden.

Was kann jedoch getan werden, wenn ein Ehemann nicht mitmacht? Wie kann er von den in diesem Kapitel zitierten biblischen Wahrheiten und Prinzipien überzeugt *und verändert* werden?

Zwei Befehle, eine Verheißung

Eine der Annahmen, die die größte Anzahl von Menschen versklavt haben, ist, dass zur Wiederherstellung eine Ehe, die in Schwierigkeiten steckt, beide Partner zusammen Seelsorge empfangen und übereinstimmen müssen, den vorgeschlagenen Rat zu befolgen. Dies ist ein idealer Ansatz, doch es ist nicht der einfachste Weg, eine Ehe wiederherzustellen.

Gott wusste, dass zu Zeiten einer Krise wenig Kooperation zwischen Ehepartnern herrschen würde, und so sorgte er, wie nur Gott es vermag, für eine dynamische Lösung. Er gab Männern und Frauen unterschiedliche Befehle, doch dieselbe Verheißung, um eine Ehe zum Funktionieren zu bringen. Er trug den Männern auf, ihre Frauen zu *lieben* (siehe Eph. 5,28) und den Frauen, ihre Männer zu *ehren* (1. Petr. 3,1-2). Zu lieben und zu ehren sind unterschiedliche Befehle, doch jeder trägt in sich dieselbe Verheißung: die Wiederherstellung des ungehorsamen Partners.

Gott verankerte ein wunderbares Prinzip: Wenn eine Frau einen Ehemann ehrt, der dem Wort des Evangeliums gegenüber ungehorsam ist, wird dieser Ehemann verändert und gehorsam werden (siehe 1. Petr. 3,1-2). Gott bestimmte auch, dass die Flecken und Runzeln im Charakter einer Frau eliminiert werden, wenn ihr Ehemann sich entscheidet, sie zu lieben (siehe Eph. 5,22-25).

Dieses göttliche Arrangement ist ähnlich dem ABS (Antiblockiersystem) bei Autos. Wenn ein System versagt, tritt das andere in Funktion, um das Auto vor der Zerstörung zu bewahren. Für Frauen ist der Schlüssel, geliebt zu werden, für Männer, geehrt zu werden.

Der tiefe männliche Wunsch nach Respekt

Was ein Mann am meisten braucht, ist Respekt, vor allem Respekt von seiner Frau. Aus diesem Grund weist Gott die Frauen an, ihre Ehemänner zu ehren. Für einen Mann steht Liebe nicht so hoch im Kurs wie Respekt. Wenn ihn jemand eine ehrenwerte Person nennt, wird ein Lebensnerv genährt, und eine Schockwelle von Genuss durchdringt die Länge und Breite seiner Seele. Aus diesem Grund macht er Überstunden, erträgt Schwierigkeiten und trotzt Herausforderungen in der Arbeit, weit über das hinaus, was ihm dafür bezahlt wird. Er sehnt sich nach der Anerkennung, die dies hervorruft.

Gott gebietet Frauen, ihre Ehemänner zu ehren, denn wenn sie das tun, bringt dies den Mann dazu, *einfach alles* für sie zu tun, sogar dem Wort gehorsam zu werden, gegen das sie rebellieren (siehe 1. Petr. 3,1-2). Von ihren Frauen geehrt zu werden, ist das größte Verlangen, das Männer haben. Der Grund hinter diesem Verlangen reicht zurück bis zum Augenblick der Empfängnis.

Jeder Mann wird in einer Frau empfangen und neun Monate lang beherbergt. Während er von ihr gestillt und versorgt wird, stimmt er seine Ohren und seinen Verstand auf den Ton und die Farbe ihrer Stimme ein. Wenn er ein Krabbelkind wird, ist sie diejenige, die ihn leitet, korrigiert und lehrt. Wenn er aufwächst, wird er von ihrer Zustimmung und Bestätigung immer abhängiger. Dies ist klar in der einzigartigen Beziehung zu erkennen, die ein Sohn und eine Mutter entwickeln, ein Band, das weitaus intensiver ist als das, was einen Jungen mit seinem Vater verbindet.

Wenn ein Mann heiratet, ist das Seelenschaltschema, das ihn mit einer Frau verbindet, schon angelegt, und die Bestätigung und Ehrerbietung seiner Frau wird für sein Empfinden von Erfolg genauso lebenswichtig wie die Bestätigung seiner Mutter, als er aufwuchs. Hier liegt der Grund dafür, warum Gott Frauen ungeniert garantiert, dass sie ihre Ehemänner verändern werden, wenn sie sich entscheiden, sie zu ehren. Ehrerbietung ist das, was einen Mann anspornt. Genau so, wie niemand ohne Sauerstoff leben kann, kann auch kein Mann im Leben ohne ein Minimalmaß an Ehrerbietung vorangehen.

Abram und Sarai

Zwei klare Beispiele dieses Bedürfnisses nach Respekt finden sich in 1.Mose 12 und 20. Beide schließen Abram und Sarai ein.

Abram handelte unmoralisch, als er zweimal Könige belog, indem er Sarai als seine Schwester vorstellte anstatt seine Frau, was sie tatsächlich war. Uns wird nirgends überliefert, dass Sarai Abram entehrt hätte, indem sie ihn als Lügner bloßstellte, obwohl ihre kostbarste Tugend auf dem Spiel stand: sexuelle Reinheit. Als sie jedoch ernstlich in Gefahr geriet, griff Gott ein und erlöste sowohl sie als auch Abram.

Dies stimmt mit der in 1. Petrus 2,20 und 25 gebrauchten Bildsprache überein:

> Wenn ihr aber ausharrt, indem ihr Gutes tut und leidet, das ist Gnade bei Gott... Denn ihr gingt in der Irre wie Schafe, aber ihr seid jetzt zurückgekehrt zu dem Hirten und Aufseher eurer Seelen.

Petrus präsentiert ein Bild von gerechtem Leiden, das geduldig ertragen wird, weil Gott der Hirte ist, der sich um das notleidende Schaf kümmert und der Aufseher, der den Feind fernhält.

Es ist passend, dass der nächste Vers das Thema Ehefrauen wie Sarai aufgreift (die später Sara genannt wurde), die mit ungehorsamen Ehemännern zu tun hatten (siehe 1. Petr. 3,1-4). Unterordnung, was mit anderen Worten bedeutet, die Person zu ehren, wird als die Art und Weise dargestellt, um sie zu verändern. Weiterhin werden Frauen aus dem Alten Testament als Vorbilder gebraucht, wobei Sarais Situation als erste Illustration hervorgehoben wird.

Heute steht uns Abram, der später Abraham wurde, als berühmter Mann des Glaubens, mutig und gerecht, in Erinnerung. Ich frage mich, wie viel davon das Resultat von Sarais *weniger bekanntem, doch äußerst heldenhaftem Benehmen* war. Sie brauchte zweifellos Glauben, Mut und Gerechtigkeit, um in heidnischen Königshäusern zu wohnen, wo Könige hinter ihr her waren, während ihr Ehemann mehr darum besorgt war, seine eigene Haut zu retten, als die Tugend seiner Frau zu schützen. Sarai veränderte Abraham, indem sie ihn ehrte, obwohl er es weder verdiente noch erwartete. Es funktioniert!

Lieber Honig als Essig

Ein Tropfen Honig fängt mehr Fliegen als ein ganzes Fass Essig. Du glaubst das nicht? Sieh dir nur einige alltägliche Situationen an, und du wirst es sehen.

Monatelang hatte eine Frau, die ich Kathy nennen möchte, ihren Mann gepiesackt, einen tropfenden Wasserhahn im Haus zu reparieren, aber er schob es einfach immer vor sich her. Eines Nachts um 3 Uhr morgens, mitten in einem schweren Sturm, bekam er einen Anruf von einer älteren Frau, die am anderen Ende der Stadt wohnte. Sie brauchte Hilfe, weil ihre Toilette übergelaufen und das ganze Haus total verdreckt war. Prompt zieht er sich an, fährt durch überflutete Straßen, bringt das Problem in Ordnung und kommt, übersprudelnd vor Zufriedenheit, gerade noch rechtzeitig heim, um sich zu duschen und zur Arbeit zu gehen.

Kathy ist perplex und steht kurz vor einem Zornausbruch. Sie kann nicht verstehen, warum ihr Mann so viel auf sich nimmt, um etwas so Anstrengendes für eine Fremde zu tun, wenn er sich doch Tag für Tag weigert, eine so einfache Aufgabe wie die Reparatur eines tropfenden Wasserhahns zu erledigen.

Der Grund ist ganz einfach: Höchstwahrscheinlich ehrte ihn die ältere Dame, indem sie betonte, wie sehr sie schätze, was er tat und wie genau sie wisse, dass sie sich auf ihn verlassen könne. Hätte er im Gegensatz dazu tatsächlich jemals den Wasserhahn zu Hause repariert, hätte Kathy gesagt: „Das war aber auch höchste Zeit!" Honig ist definitiv anziehender als Essig.

Gott hat Frauen mit der Fähigkeit ausgerüstet, ihre Männer zu ehren und sie so zum Besseren zu verändern. Wenn auch Männer grundlegende Schwierigkeiten haben mögen, Frauen zu verstehen und mit ihnen in Verbindung zu treten, so hat Gott ihnen doch beiden die nötigen Ressourcen zur Verfügung gestellt, um die Kluft zu überwinden. Wie wir im nächsten Kapitel sehen werden, ermöglichte ein Mangel an Intimität zwischen Noah und seiner Frau dem Bösen, sich über die ganze nachsintflutliche Welt zu verbreiten.

10. Noahs Fehler

Hast du dich jemals gefragt, warum sich das Böse so bald nach der Sintflut wieder manifestieren konnte?

Gott macht keine Fehler. Er verrechnet sich nie. Wenn er die Sintflut sandte, um ein korruptes System zu eliminieren und mit einem gesünderen zu ersetzen, warum kam dann die Sünde so bald wieder zurück? Die Antwort hat mit einem großen Fehler zu tun, den Noah bezüglich seiner Frau beging.

Vor der Sintflut reflektierte die Ehe den Mangel an Gleichheit in der Beziehung zwischen Mann und Frau, der das Resultat des Sündenfalles war. Männer lebten nicht mit ihren Frauen Seite an Seite.

Dem biblischen Bericht nach betrat Noah die Arche zuerst, gefolgt von seinen Söhnen, dann von seiner Frau und schließlich von den Frauen seiner Söhne. Diese Reihenfolge wird zweimal erwähnt (siehe 1. Mose 7,7;13). Beachte, dass Noahs Söhne die Arche vor Noahs Frau betraten. Diese Reihenfolge drückt die niedrigere Position aus, die ihr nach dem Sündenfall zugewiesen worden war.

Nach der Sintflut, als die Wasser zurückgingen, bereitete Gott Noah darauf vor, die Arche zu verlassen. Dies war ein bedeutsamer Augenblick, weil der von Gott errettete *Überrest* wieder mit der gereinigten Schöpfung in Verbindung treten würde. Dazu gab Gott Noah spezifische Instruktionen, wie er es angehen sollte.

Noah und seinem Haushalt wurde von Gott aufgetragen, in der Reihenfolge auszusteigen, die im Garten Eden *vor* dem Sündenfall existierte. Der Herr sprach zu Noah: „Geh aus der Arche heraus, du und deine Frau und deine Söhne und die Frauen deiner Söhne mit dir" (1. Mose 8,16). Sieh dir genau an, wie Gott Noahs Frau neben ihn *und vor die*

Kinder stellte. Reihenfolge ist in biblischen Berichten wichtig, besonders, wenn Gott derjenige ist, der sie vorgibt.

Als Noah Gottes Befehl nicht befolgte

Leider befolgte Noah Gottes Instruktionen nicht. Der Bericht in 1.Mose sagt uns: „Da ging Noah hinaus, er und seine Söhne und seine Frau und die Frauen seiner Söhne mit ihm“ (V. 18). Er stellte seine Frau niedriger als die Kinder, was die alte Ordnung anstatt der neuen ausdrückte. Dies sollte beinahe augenblicklich tragische Konsequenzen haben.

Noah pflanzte einen Weingarten, erntete dessen Frucht, machte Wein, betrank sich unglücklicherweise und lag nackt in seinem Zelt. Als ihn sein Sohn Ham sah, verachtete er Noah und berichtete es seinen Brüdern auf eine Weise, die Noah verhöhnte. Als Resultat wurde Hams Sohn Kanaan von Noah verflucht, als dieser erfuhr, was geschehen war. Dieser Fluch wiederum hatte katastrophale Auswirkungen.

Hätte dies vermieden werden können? Selbstverständlich. Natürlich hätte sich Noah überhaupt nicht betrinken sollen. Doch darüber hinaus hätte es nie einen Fluch gegeben, wenn Noahs Frau mit ihm im Zelt gewesen wäre, anstatt Ham. Es wäre kein Problem gewesen, wenn sie ihn nackt gesehen hätte. Höchstwahrscheinlich hätte sie ihn zugedeckt, Noah hätte seinen Rausch ausgeschlafen, und es hätte keinerlei Konsequenzen gegeben. Doch wahrscheinlich war seine Frau nicht da, weil sie in eine sekundäre Rolle verdrängt worden war. Wenn Noah Gott gehorcht und die Arche in der von Gott vorgeschriebenen Weise verlassen hätte, wäre nichts von alledem geschehen.

Intimität – ein Muss in der Ehe

Intimität in der Ehe, die engste Beziehung zwischen Geschlechtern, ist etwas Lebensnotwendiges. Ohne diese Nähe wird das Bild Gottes auf Erden weiterhin entstellt, weil es sowohl dem Mann wie auch der Frau gleichermaßen anvertraut wurde, Intimität in ihrer Beziehung aufrechtzuerhalten. Außerdem öffnet ein Mangel an Intimität dem Feind die Tür, indem eine Schlüsselposition verletzlich gemacht wird.

Genau wie Männer den Verstand der Frauen schützen sollen, sind Frauen dazu geschaffen, die Herzen der Männer zu schützen. Frauen sind nicht notwendigerweise gottesfürchtiger als Männer, aber sie sind definitiv geistlicher. Sie sind fähig, geistliche Dinge mit größerer Leichtigkeit zu empfinden. Der Ausdruck „Gehilfin", den Gott gebrauchte, um Eva zu beschreiben, bedeutet im alten Hebräisch „Offenbarer des Feindes." Eva bewies dies, als sie Satan als den Verführer identifizierte. Auch in der bekannten Bibelstelle, die eine tüchtige Frau beschreibt, wird uns gesagt: „Ihr vertraut das Herz ihres Mannes, und..." – als Resultat: „an Ausbeute wird es ihm nicht fehlen" (Spr. 31,11).

Das ist der Grund, warum Satan alles in seiner Macht Stehende tut, um die Intimität zwischen Männern und Frauen zu unterminieren und, wenn möglich, zu zerstören. Das sogenannte soziale Mandat, über die Schöpfung zu herrschen, wurde beiden gegeben, Mann und Frau, und zwar in dem spezifischen Kontext der Ehe.

Gott trug ihnen auf: „Seid fruchtbar und vermehrt euch, und füllt die Erde, und macht sie euch untertan; und herrscht" (1. Mose 1,28). Fruchtbar zu sein erfordert die Ehe. Sich zu vermehren, involviert Kinder zu haben. Die Erde untertan zu machen, bezieht sich auf gemeinsamen Dienst. Die beiden sollten zusammen arbeiten, als ein Fleisch, einander anhangen, um jedes lebende Geschöpf untertan zu machen, die Schlange inbegriffen. Dies ist keine leichte Angelegenheit: Adam versagte darin, Eva zur Seite zu stehen, als die Schlange kam; der Rest ist eine traurige Geschichte.

Deshalb ist es so grundlegend notwendig, dass Männer und Frauen in ihren Beziehungen zueinander wiederhergestellt werden. Sonst wird der Teufel genau wie bei Adam und Eva im Garten Eden und bei Noah nach der Sintflut eine offene Türe vorfinden. Intimität ist der Schlüssel, und nirgends wird Intimität besser erreicht und bewahrt, als in einer gesunden Ehe.

Die heutigen Ehen am Rande des Verderbens

Am Übergang in ein neues Jahrtausend befindet sich die Institution Ehe unter starkem Angriff. Wenn dies auch schon immer so der Fall war, sind doch heutzutage die Angriffe so effektiv und von solchem Ausmaß, dass einige das Ende der Ehe, wie wir sie kennen, prophezeien.

Was ist los? Wo steht Gott in alledem?

Ehe ist das komplexeste Unterfangen auf Erden. Es ist die völlige Vereinigung – von Seele, Geist und Körper – von zwei menschlichen Wesen, die vollkommen unterschiedlich und in vielen Bereichen genau entgegengesetzt sind. Wer entwarf diese einzigartige und manchmal verwirrende Beziehung?

Gott ist derjenige, der die Ehe schuf. Genaugenommen hält er so viel von der Ehe, dass er die Bibel mit einer Eheschließung beginnt und mit einer anderen schließt. Er vollführte die erste Eheschließung im Garten Eden, und er wird die Hochzeit Christi mit der Gemeinde zu Ende des Zeitalters organisieren. Jesus selbst tat das, was wir als sein erstes Wunder kennen, auf einer Hochzeit. Mehrmals danach gebrauchte er das Sinnbild der Ehe, um die allerfeinsten Wahrheiten zu lehren.

Die ganze Bibel hindurch beschützt Gott die Ehe, indem er spezifische Anweisungen zur Verfügung stellt, die extra dazu geschaffen wurden, um sie zu bewahren und zu bereichern. Ja, Gott liebt die Ehe, und er steht definitiv dazu.

Was Gott denkt und was der Teufel denkt

Das Gegenteil ist ebenfalls wahr: Was Gott liebt, hasst der Teufel. Schon von Anfang an ist der Böse darin äußerst eifrig gewesen, zu unterminieren und, wo immer möglich, die Einheit von Mann und Frau zu schänden. Ich habe den Verdacht, dass drei Dinge die hauptsächliche Motivation für seinen beharrlichen Angriff auf Ehen ausmachen:

- Ehe, wie Gott sie sich Gott vorstellt, produziert die intimste Einheit zwischen zwei Lebewesen, und Satans Anliegen ist nicht zu vereinen, sondern zu trennen.
- Das Konzept der Liebe ist ihm so fremd und abscheulich – und nichts illustriert menschliche Liebe besser als die Ehe–, dass das Zerstören von Ehen sehr hoch auf Satans Prioritätenliste steht.
- Wenn sich Ehepartner trennen, egal aus welchem Grund, sind die Hauptleidtragenden die Kinder. Deshalb arbeitet der Teufel so hart daran, Ehen zu zerstören, weil er, wenn er Erfolg hat, einen Bonus durch den Schaden bekommt, der der nächsten Generation angetan wird. Dies wiederum hat zerstörerische Konsequen-

zen, wenn diese Kinder dann wieder heiraten und sich in dem lähmenden Wirrwarr von Narbengewebe gefangen finden, das die Scheidung ihrer Eltern zurücklässt.

Der wichtigste Grund

Es gibt jedoch noch einen weiteren Grund, warum Ehen vom Feind zur Zielscheibe erklärt und angegriffen werden. Dem liegt eine Strategie zugrunde, die mit Gebet zu tun hat. Der Herr Jesus machte klar, dass Kraft darin liegt, wenn zwei (oder drei) im Gebet übereinstimmen (siehe Matth. 18,19-20). Die natürlichste und intimste Paarbildung beim Gebet geschieht in der Ehe. Wenn ein Ehemann und eine Ehefrau, die ein Haus, ein Bett, einen Tisch und eine Familie miteinander teilen, diese Kraft kontinuierlich ausüben, wird das Reich der Finsternis schrecklichen Schaden erleiden. Jesus sagte uns, dass uns alles, was in solch einem Kontext der Einheit erbeten wird, von seinem Vater im Himmel getan würde. Was für einen gewaltigen Blankoscheck hat er uns da ausgehändigt!

Gott machte keinen Fehler, als er die Ehe schuf. Er erkannte vielmehr, dass sie eine Notwendigkeit darstellte. Sieh dir nur an, was Gott in 1.Mose sagte: „Es ist nicht gut, dass der Mensch allein sei“ (1.Mose 2,18). Er wusste damals, was er tat, und er weiß auch jetzt, was er tut.

Wiederhergestellte Ehen stehen auf Gottes Liste ganz oben, weil Männer und Frauen zusammen dienen müssen, genau wie es Adam und Eva vor dem Fall im Garten Eden taten. Sie müssen in Einheit Seite an Seite gehen, genau so, wie Gott beabsichtigt hatte, dass Noah nach der Sintflut mit seiner Frau gehen sollte. Egal, wie unmöglich es aussehen mag, Gott ist fähig und auch willens. Wir sollten ihm Glauben entgegenbringen.

Um die Grundlage dazu finden zu können, dass unser Glaube aktiviert wird, müssen wir ein besseres Verständnis darüber erlangen, welch einzigartiges Geschenk ein Ehepartner genaugenommen darstellt. Dies ist das Thema des nächsten Kapitels.

11. Männliche Leiterschaft: Freiheit für Frauen

Dein Ehepartner ist das einzige ganz persönliche Geschenk, das dir Gott jemals machen wird. Er hat dir viele Geschenke gemacht und wird dies auch weiterhin tun. Doch von all diesen Gaben ist nur dein Ehepartner einzig und allein für deinen persönlichen Genuss bestimmt. Deine Errettung ist das kostbarste Geschenk, doch Millionen von Menschen haben es. Deine Arbeitsstelle ist ein weiteres Geschenk, aber irgendwann einmal wird jemand anders dort weitermachen, wo du aufgehört hast. Deine Kinder sind dir für eine Zeit anvertraut worden, doch früher oder später werden sie das Nest der Familie verlassen.

In deinem Ehepartner hat Gott jedoch eine Person geschaffen, die einzig und allein du im Kontext der Ehe genießen sollst. Er oder sie gehört dir und niemandem sonst, *bis dass der Tod euch scheidet*. Er oder sie ist ein Geschenk fürs Leben. Niemand sonst hat ein Anrecht auf diese Person, als nur du.

Als Gott Ruth, meine Frau, erschuf, dachte er ausschließlich an mich, was die Ehe angeht. Ihr Sinn für Perfektion ist ein ideales Gleichgewicht für meinen freiheitsliebenden, visionären Schwung, und ihr Auge fürs Detail bereichert und vervollständigt das ständig wachsende große Bild, das ich mich selbst malen sehe. Es ist unglaublich, dass Gott eine solche Person geschaffen und mir ein Leben lang anvertraut hat. Sie gehört mir und niemand sonst. Ich gehöre ihr und niemand sonst.

Dein Ehepartner verdient das Beste von dir, weil dich niemand so glücklich machen kann, wie er oder sie. Dein Ehepartner kann dir sexuelles Vergnügen ohne Schuldgefühle geben, Verständnis ohne gönnerhaftes Getue, vertrauten Umgang ohne einen Preis, Kinder ohne Scham.

Jedes Mal, wenn wir unseren Ehepartner lieben, lächelt uns Gott an. Wenn Ehemann und Ehefrau einander liebend umarmen, fügt das Mysterium der Ehe mit all seiner Schönheit diesem finsteren Planeten ein weiteres Licht hinzu.

Ja, Gott hat uns mit unserem Ehepartner ein einzigartiges und persönliches Geschenk gemacht. Um sicherzustellen, dass diese Verbindung funktioniert, hat er die Rollen und Positionen klar beschrieben, die jede Person innehaben soll. In solchem Kontext tritt die männliche Führung in den Vordergrund.

Die männliche Führungsrolle verstehen

Was haben wir unter der männlichen Führung zu verstehen? Der Ausdruck ruft unangenehme Bilder von Frauen hervor, denen gesagt wird, sich unmöglichen Ehemännern unterzuordnen. Er schwört Visionen von Ehemännern herauf, denen eine Lizenz erteilt wird, mit dem heißen Eisen der Unvernunft Frauen zu missbrauchen und Kinder zu verletzen. Er lässt das Bild verwundeter Frauen hervortreten, die sich entscheiden, im Leben und im Dienst aus dem vorrangigen Grund solo zu bleiben, weil sie Männern gegenüber bitter geworden sind. Diese Bewegung bringt sie unvermeidlich an einen Punkt, wo sie weiterhin verunreinigt und in vielen Fällen zerstört werden können, weil das Gesellschaftssystem von Männern geschaffen ist und von ihnen verwaltet wird. Ob eine Frau nun Manager oder Diener des Evangeliums werden möchte – die damit verbundenen Verrücktheiten ihr gegenüber sind ein Phänomen für sich. Viele Male werden sie durch ein falsches Verständnis davon, worum es bei der männlichen Führung im Grunde genommen wirklich geht, sorgar noch schlimmer gemacht.

Die männliche Leiterrolle in der Bibel

Es ist interessant zu bemerken, dass der Ausdruck „männliche Leiterschaft“ in der Bibel gar nicht vorkommt. Er ist vielmehr eine Doktrin, die aus mehreren Bibelstellen abgeleitet werden kann. Die Wurzeln reichen bis in die Schöpfungsordnung zurück. Adam wurde zuerst geschaffen, und daraus ergaben sich gewisse Privilegien und Verantwortlichkeiten.

Aufgrund der Übertretung Evas wurde ihm nach dem Sündenfall weitere Verantwortung anvertraut. Wenn auch Jesus das Spielfeld auf Golgatha eben gemacht hat, liegen doch immer noch genug Überreste herum, die uns leicht verwirren können.

Die klassische Bibelstelle über männliche Leiterschaft im Neuen Testament finden wir in 1. Korinther 11, wo Paulus eine ausführliche Diskussion über männliche und weibliche Rollen und Positionen führt. Die zentrale Stelle lautet:

> Ich will aber, dass ihr wisst, dass der Christus das Haupt eines jeden Mannes (Ehemannes) ist, das Haupt der Frau (Ehefrau) aber der Mann, des Christus Haupt aber Gott. 1. Korinther 11,3

Wenn wir sehen, dass der Mann das Haupt einer Frau ist, so wie Christus das Haupt jeden Mannes ist, dann erscheint es zuerst so, als würden die Frauen in einer niedrigeren Position gehalten. Ist das wirklich, was Paulus sagt?

Dieser Vers stellt uns vor dieselbe Herausforderung wie die Schöpfungsordnung, da er von der Reihenfolge abweicht, in der Sünde in die Welt kam. Was kann absoluter sein als die Stellung Christi über jedem Mann? Christus ist der Höchste. Er ist der Chef. Er ist derjenige, der das Sagen hat. Er hat die höchste Autorität. Wenn dies die Basis für männliche Leiterschaft ist, müssen Frauen in einer untergeordneten Position bleiben.

Innerhalb der Dreieinigkeit

Bevor wir voreilige Schlüsse ziehen, lass uns einen Moment zurücktreten und dieselbe Logik auf die Aussage anwenden, „des Christus Haupt aber Gott". Wenn wir über Hierarchie nachdenken, stoßen wir auf ein ernstliches theologisches Problem. Gott der Vater ist nicht höherstehend als Jesus Christus, der Sohn, und ebenso wenig steht der Sohn höher im Rang als der Geist. Wir wissen, dass es innerhalb der Dreieinigkeit keinerlei Hierarchien gibt.

Das griechische Wort für „Haupt" ist *kephale*, was entweder Herrscher/Leiter bedeuten kann oder Quelle/Ursprung. In dieser Bibelstelle macht es sowohl Sinn, es als Quelle oder Ursprung zu lesen wie auch als

Leiter, da es besser zum Bezug auf die Mitglieder der Dreieinigkeit wie auch zum generellen Zusammenhang passt.

Unter anderen Gründen wissen wir, dass Gott die Quelle/der Leiter Christi ist, weil er Jesus in die Welt gesandt hat (siehe Joh. 3,16; 5,19). In derselben Weise ist Christus, der zweite Adam, Haupt/Ursprung/Quelle jedes neuen Menschen in der Gemeinde in derselben Weise, wie es Adam in der natürlichen Ordnung war.

Adam als geistliche Quelle

Der Mann als Quelle/Ursprung der Frau zieht sich auch in den geistlichen Bereich hinein. Christus begann mit 12 *männlichen* Aposteln. Wenn auch Rollen und Ämter später ebenso Frauen zugeteilt wurden, so begann es, als Christus die Grundlage für die neue Ordnung legte – die Gemeinde, doch mit Männern.

Um die absolute gegenseitige Abhängigkeit zwischen Männern und Frauen zu betonen, verwies Paulus auf die Ursprünge zurück, als er sagte: „Denn wie die Frau vom Mann ist, so ist auch der Mann durch die Frau; alles aber von Gott“ (1. Kor. 11,12). Da ist kein Raum für männliche Überlegenheit, da Männer und Frauen nicht ohne den anderen existieren können.

Diese gegenseitige Abhängigkeit geht mit dem Bedürfnis Hand in Hand, beide Geschlechter zu ihrer Position vor dem Sündenfall wiederherzustellen. Im Garten Eden wurde Adam zuerst geschaffen und erhielt als solcher eine Beschützerrolle, als Gott das Verbot aussprach, nicht vom Baum zu essen. Doch es ist auch wahr, dass Adam allein „nicht gut“ war (1. Mose 2,18). Es war die Erschaffung Evas, die sie *beide* befähigte, über die ganze Schöpfung zu herrschen, da dieser Befehl erst nach ihrer Erschaffung gegeben wurde. Das hebräische Verb in 1. Mose 1,28, das Adam und Eva befiehlt, über die ganze Schöpfung zu herrschen, steht im *Plural* – es ist ein Befehl, der sowohl dem Mann als auch der Frau gegeben wurde, was bedeutet, dass die Frau an der Seite ihres Mannes herrscht (siehe auch 1. Mose 2,18).

Was die Griechen über Frauen dachten

Es ist wichtig, nicht aus den Augen zu verlieren, dass die Kultur des 1.Jahrhunderts Frauen als den Männern gegenüber minderwertiger ansah und sogar die Theorie hervorbrachte, Frauen seien aus niedrigeren Lebensformen erschaffen worden und nicht aus dem Mann selbst. In einem solchen Kontext ist das Argument des Paulus, dass Männer und Frauen essentiell verbunden sind – wie Haupt und Leib – keine Erniedrigung der Frauen, sondern ein signifikanter Schritt nach oben.

Tatsächlich wird das Wort „Unterordnung", von dem wir einen großen Teil unseres gegenwärtigen Verständnisses von männlicher Leiterschaft ableiten, in diesem Teil der Schrift nie gebraucht. 1. Korinther 7 ist vielmehr dem Versuch gewidmet, zu zeigen, dass die Partnerschaft mit Frauen gleichrangig ist und sie denselben Status wie Männer besitzen. Paulus macht folgende kräftige Aussagen:

1. Ein Mann hat ein Recht auf eine Ehefrau, wie auch eine Ehefrau ein Recht auf einen Ehemann hat (siehe V. 2).
2. Sowohl Ehemann als auch Ehefrau müssen ihre sexuelle Verpflichtung erfüllen (siehe V. 3), weil ihre Körper einander gehören, nicht jeder sich selbst (siehe V. 4). Wenn sich ein Ehepaar sexuell enthält, dann sollte dies nur bei *gegenseitiger* Übereinstimmung geschehen (siehe V. 5).

Dies sind außerordentliche Aussagen, die zu einer Zeit gesprochen wurden, in der Frauen keinerlei Rechte hatten!

Voraussetzungen für das Rückspiel

Wir müssen verstehen, dass diese Bibelstelle, die so oft dazu benutzt wird, Frauen zu entwürdigen, diese vielmehr zurück auf das Niveau erhebt, das Eva vor dem Sündenfall hatte. Der Teufel hat die besondere Fähigkeit, unser Verständnis der Schrift zu vernebeln und uns zu falschen Schlussfolgerungen gelangen zu lassen, wie im Falle der Feindschaft zwischen ihm und der Frau. Er ist derjenige, der bedroht wird, nicht die Frau! Diese falsche Sichtweise ist auch beim Thema der Frauen, die Unterweisung brauchen, offensichtlich, was einige Männer benutzen, um auf Frauen herabzusehen (siehe 1. Tim. 2,12-14). Der Teufel möchte uns diese Bibelstellen in restriktiver Weise sehen lassen anstatt im Licht der Wiederherstellung.

Genau wie ein Sportler, der für ein Rückspiel trainiert, dasselbe oder ein höheres Niveau an Kondition zu erreichen sucht, als er im ersten Spiel hatte, stellt Gott Männer und Frauen für die kommende Machtprobe wieder her. Im Garten Eden waren Adam und Eva mehr als zwei separate Individuen – sie waren ein Paar, das in der Ehe vereint war, einander anhing und eins geworden war. Die Ehe steht im Zentrum dieses Bildes. Gottes Ziel ist es, Männer und Frauen nicht nur zu dem wiederherzustellen, was sie im Garten Eden besaßen, sondern sie nun sogar in eine noch stärkere Position zu bringen.

Adam und Eva im Garten Eden

Wie sah der Status von Mann und Frau im Garten Eden aus?

Gott sagte zu Adam und Eva:

> Seid fruchtbar und vermehrt euch, und füllt die Erde, und macht sie euch untertan; und herrscht über die Fische des Meeres und über die Vögel des Himmels und über alle Tiere, die sich auf der Erde regen... Ich habe euch alles samentragende Kraut gegeben... und jeden Baum, an dem samentragende Baumfrucht ist: es soll euch zur Nahrung dienen. 1. Mose 1,28-29

Gottes Instruktionen stellen drei konzentrische Kreise dar. Im ersten Kreis – mitten im Zentrum, steht das Paar und seine Nachkommenschaft. Der nächste Kreis darum herum ist das, worüber sie herrschen sollen, und zwar jede Form tierischen Lebens. Dann kommt der äußerste Kreis, der Gottes Versorgung für sie sowie für alles beinhaltet, worüber sie herrschen sollen.

Es ist wichtig, die zentrale Rolle zu beachten, die dem Paar und folglich auch der Familie zugewiesen wurde. Adam und Eva sollten zusammen dienen und, wenn Kinder folgten, dies als Familie tun. Heutzutage haben wir Dienst und Familie in zwei getrennte Bereiche aufgespalten. Dies spielt dem Teufel genau in die Hände, der Männer und

Frauen sowie auch Eltern und Kinder voneinander getrennt halten will, um die Synergie zu eliminieren, die ihre Vereinigung produziert.

Um dies zu korrigieren, strömt das Neue Testament direkt von Lehre über die Wiederherstellung der Frau, die Heiligkeit der Ehe und die Partnerschaft zwischen Eltern und Kindern über. So wie im Garten Eden soll der Dienst eine Familienangelegenheit sein, und kein separater, manchmal konkurrenzbringender Beruf. Wenn wir Familie und Dienst als zwei getrennte Bereich betrachten, werden die beiden Gegner und schließlich Feinde. Am Ende zerstören sie die Intimität in der Ehe und letztendlich auch die Berufung der Kinder.

Außerhalb des Zuhauses

Das Prinzip der männlichen Leiterschaft wirkt sich zerstörerisch aus, wenn die Mann-Frau-Beziehung in der Ehe eher feindselig angegangen wird. Die Interaktion zwischen Ehemann und Ehefrau sollte eine auferbauende und erhebende Beziehung sein. Wer die männliche Überlegenheit befürwortet, macht Frauen nieder und verliert 50 Prozent der Arbeitskraft, wobei er sich in diesem Prozess selbst verstümmelt, denn „es ist nicht gut, dass der Mensch allein sei.“ Wer einen feministischen Ansatz befürwortet, setzt die Frauen Gefahren aus, so wie es Eva im Garten Eden war, da Frauen dem Teufel nicht allein entgegentreten können. Wer einen Kompromiss sucht mit der Aussage, männliche Leiterschaft sei legal zu Hause, doch nicht im Dienst, nimmt den wichtigsten Vorteil der männlichen Leiterschaft weg: den Schutz. Wo brauchen Frauen den Schutz am meisten, zu Hause oder außerhalb des Heims? Ganz offensichtlich brauchen sie ihn mehr, wenn sie in der Welt draußen sind.

Die männliche Leiterschaft im Dienst

Ich glaube, die ganze Diskussion um die männliche Leiterschaft im Dienst kann beigelegt werden, wenn wir statt einer aufgesplitterten Perspektive eine umfassende annehmen. Gott hat dem Mann den Schutz der Frau anvertraut und der Frau die Ergänzung des Mannes. Genau wie Kinder nicht geboren werden können, wenn nicht Mann und Frau auf intimstem Niveau zusammenkommen, so kann auch der Dienst nicht sein beabsichtigtes Ideal ohne eine gleichrangige Partnerschaft zwischen den Geschlechtern erreichen, besonders zwischen Ehemann und Ehefrau.

Wenn wir den Dienst als Erweiterung des Familienlebens ansehen (siehe 1. Tim. 3,1-13), wird der Gedanke von Aufspaltung männlicher Leiterschaft überflüssig. Wenn Männer zu Hause berechtigt sind, Leiterschaft auszuüben, und das Dienstleben eine Erweiterung des Familienlebens darstellen soll, dann haben sie im Dienst dieselbe Verantwortung wie auch zu Hause. Dies ist sehr wichtig, weil Männer gerne faulenzen, wenn es um geistliche Dinge geht. Sogar im Dienst neigen sie gewöhnlich zu Vision und Tatkraft, versagen jedoch kläglich in den Gebieten von Fürsorge und Pflege. Frauen, wie schon in früheren Kapiteln festgestellt, zeichnen sich normalerweise durch eine tiefer empfundene Geistlichkeit aus. Als Paar zu dienen löst das Problem.

Und die Singles?

Ehelosigkeit kann für eine gewisse Zeit oder für ein ganzes Leben sein. In jedem Fall ist sie eine göttliche Berufung. Paulus lehrt, „der (die) Unverheiratete ist für die Sache des Herrn besorgt“ (1. Kor. 7,32) und dass Ehelosigkeit die Umstände schafft, um „ehrbar und beständig ohne Ablenkung beim Herrn“ zu bleiben (1. Kor. 7,35). Singles haben eine Möglichkeit, die Verheiratete nicht länger haben: all ihre Zeit und Energie dem Dienst des Herrn zu widmen.

Ich erinnere mich an meine Junggesellenjahre: wie belebend war es doch, obwohl meine Freunde und ich von Schule und Arbeitsstelle mit Pflichten eingedeckt waren, jede freie Minute dem Herrn und der Gemeinde zu widmen. Nach einem harten Tag in der Schule oder im Job kamen wir locker und begeistert zusammen, um einen Teil der Nacht oder die ganze Nacht hindurch im Gebet zu verbringen. Manchmal verbrachten wir ganze Wochenenden damit, an weit entfernten Orten zu predigen. Wir mussten uns nie um Haushaltsdinge kümmern, wir waren ledig und dem Herrn und seinem Werk hingegeben. Es war eine höchst fruchtbare Zeit.

Ehelosigkeit muss nicht bedeuten, allein und isoliert zu sein. Jesus war alleinstehend, doch er wahrte ein perfektes Gleichgewicht. Wenn er die Zeit nicht im Gebet mit dem Vater verbrachte (manchmal ganze

Nächte hindurch), war er von Menschen umgeben, denen er diente oder die ihm dienten.

Die doppelte Blickrichtung auf Gott und auf Menschen, die Jesus uns vorlebte, ist dazu gedacht, unseren Charakter auf außergewöhnliche Weise zu formen. Wenn Ehelosigkeit zeitlich begrenzt ist, bereitet sie uns auf die Ehe vor, indem wir einen ausgewogenen Ansatz von sowohl vertikalen Beziehungen (zu Gott) wie auch horizontalen (zu Menschen) entwickeln. Wenn Ehelosigkeit eine lebenslange Berufung sein soll, wird sie die Person vor schädlichen Ablenkungen bewahren.

Ob die Person nun ledig oder verheiratet ist – eine gesunde Familienumgebung ist notwendig. Paulus unterstreicht die engen zwischenmenschlichen Beziehungen, die Ledige charakterisieren sollten, in seinem Brief an Timotheus, der auch ein lediger Diener Gottes war. Paulus nennt Timotheus „mein Kind“ (1. Tim. 1,18) und weist ihn an, ältere Männer als Väter zu behandeln, jüngere Männer als Brüder, ältere Frauen als Mütter und jüngere Frauen als Schwestern (1. Tim. 5,1-2). Paulus erinnert Timotheus daran, dass die Bahnbrecher seines Glaubens seine Mutter und Großmutter waren (2. Tim. 1,5).

Ehelosigkeit und Familienleben sind nicht unvereinbar. Sie müssen sogar nebeneinander existieren, um Ehelosigkeit davor zu bewahren, zu etwas Schmerzlichem zu degenerieren. Ledige, die kein ausgedehntes Familienleben haben, sind emotional und geistlich angreifbar, weil ihnen emotionale Unterstützung und geistliche Abdeckung fehlt. Andererseits sind Ledige, wenn sie auf korrekte Weise Teil einer sicheren Umgebung sind – entweder in ihrer eigenen Familie oder einer adoptierten-, fähig, ein Leben „ungeteilter Hingabe an den Herrn“ zu führen.

Kinder als Schlüssel!

Wenn der Dienst als Ehepaar schon etwas Erhabenes ist, wird es sogar noch besser, wenn Kinder in den Mitarbeiterstab eingeschlossen werden. Der Teufel möchte, dass wir Kinder für schwach halten, damit unsere Energien und Ressourcen dadurch aufgebraucht werden, dass wir uns zu stark um sie Sorgen machen, anstatt sie damit hineinzunehmen, uns zu helfen, „die Erde untertan zu machen“ (1. Mose 1,28).

Psalm 127 kombiniert Familie, Heim und das Erreichen einer Stadt auf positive Art und Weise. Er beginnt mit der Notwendigkeit, das Heim zu bauen und die Stadt zu bewachen. Dann ermahnt er uns: „Vergebens ist es für euch, dass ihr früh aufsteht, euch spät niedersetzt, das Brot der Mühsal esst“ (V. 1-2). Warum? Weil all diese Mühe nicht helfen wird, das Haus zu bauen oder die Stadt zu bewahren. Die Antwort ist etwas, was er „seinem Geliebten im Schlaf“ gibt (V. 2).

Was ist es, was Gott gibt und was vollbringen kann, was angespannte Hyperaktivität nicht tun kann? Kinder! „Siehe, ein *Erbe* vom Herrn sind Söhne, eine Belohnung die Leibesfrucht“ (V. 3, Schrägdruck hinzugefügt). Übersieh bitte nicht den Zusammenhang: Gott *gibt*, und Kinder werden als eine *Gabe* Gottes beschrieben.

Gott würde nicht Adam und Eva auftragen, sich zu vermehren (Kinder zu haben), um die ganze Erde untertan zu machen, wenn Kinder nicht ein Plus, sondern ein Minus wären. Ebenso wenig würde Gott in diesem Psalm andeuten, dass Kinder das Haus bauen und die Stadt bewachen sollen, wenn dies nicht so wäre. Das ist der Grund, warum wir umdenken müssen. Kinder sind eine phänomenale Verstärkung, die definitiv die Waage zu unseren Gunsten ausschlagen lässt. „Wie Pfeile in der Hand eines Helden, so sind die Söhne der Jugend. Glücklich der Mann, der seinen Köcher mit ihnen gefüllt hat!“ (V. 4-5). Dieser Zusammenhang ist der Schlüssel.

Eine Bedrohung für den Feind

Kinder sind Pfeile im Köcher, die herausgezogen werden müssen, um dem Feind entgegenzutreten. Dies bezieht sich auf Kinder, die im Dienst mitwirken. Psalm 127 präsentiert Kinder als Bedrohung für den Feind und nicht als Personen, die Kraft rauben und um die man sich übermäßig Sorgen machen müsste.

Der Teufel möchte uns glauben lassen, unsere Nachkommen seien schwach, verletzlich und unfähig zu kämpfen. Wenn wir ihm diese Lüge glauben, werden wir den größten Teil unserer Zeit und Energie damit verbringen, sie zu beschützen. Ein Soldat, der *für* die Pfeile in seinem Köcher kämpft (um sie zu beschützen) statt *mit* ihnen, wird bald besiegt sein.

Der Teufel ist nicht willkommen

Beachte, wie der Psalm mit einer Siegesbemerkung endet: „Sie werden nicht beschämt werden, wenn sie mit Feinden reden im Tor“ (V. 5). Wir sehen hier einen Übergang von Pronomen im Singular zu Pronomen im Plural, von dem „Mann, der seinen Köcher mit Pfeilen gefüllt hat“ zu „wenn sie mit Feinden reden im Tor“. Auf wen bezieht sich dieses „sie“? Es bezieht sich auf Eltern und Kinder, die gemeinsam ihren Feinden entgegentreten. Wo sind die Feinde? Sie sind nicht im Haus, auch nicht in der Stadt, sondern an den Toren. Die Tore der Stadt repräsentieren die äußerste Begrenzung. Dorthin gehört der Teufel – weg von unseren Häusern und raus aus unseren Städten. Die Distanz zwischen dem Haus und den Toren ist so weit wie ein Pfeilschuss eines Profischützen. Kinder sind dafür vorgesehen, einen Platz im Dienst zu haben, besonders im Hinblick auf geistliche Kampfführung. Es ist höchste Zeit, ihnen Raum zu geben! Sieh dir nur an, was Jesus sagte, als er für Kinder betete:

> Lasst die Kinder zu mir kommen und wehrt ihnen nicht, denn solchen gehört das Reich Gottes. Wahrlich, ich sage euch: Wer das Reich Gottes nicht aufnehmen wird wie ein Kind, wird nicht hineinkommen. Lk. 18,16-17

Der Kreis schließt sich

Wenn wir möchten, dass Kinder im Dienst mitarbeiten, muss zuerst das Bild von Mann und Frau wiederhergestellt werden, da beiden Geschlechtern gleichwertige Rollen anvertraut wurden. Ehemänner und Ehefrauen brauchen eine mächtige Begegnung mit Gott, damit Wiederherstellung geschehen kann. Diesem Erwachen wird die Ausstattung der Kinder mit Kraft entspringen, wenn Gott „das Herz der Väter zu den Söhnen und das Herz der Söhne zu ihren Vätern umkehren“ lässt, damit der Fluch aus unserem Land ausgemerzt wird (Mal. 4,6).

Dies ist eine straffe Reihenfolge, die überströmende Gnade benötigt. Um mehr darüber zu erfahren, werden wir im nächsten Kapitel zu der missbrauchten Dame zurückkommen, deren Geschichte ich in Kapitel fünf zu erzählen begonnen hatte. Ihre Geschichte spiegelt auf dramatische Weise das wider, was nötig ist, und ihr Ausgang ein lebendiges Bild der Kraft, die uns allen bereitsteht.

12. Die Antwort auf die Frage nach dem Warum

Die Dame fragte nach dem Warum und stand in Erwartung einer Antwort vor mir. Sie wollte wissen, warum sie von ihrem sexuell missbrauchenden Vater so brutal verletzt worden war. Warum ihre Persönlichkeit gespalten worden war. Warum sie der Zorn immer noch innerlich auffraß. Warum ihr emotioneller Ballast ihr immer noch das Rückgrat brach, obwohl sie doch nun Christ war. Sollte das Evangelium nicht alle diese Probleme lösen?

Dies sind faire Fragen, denn das Evangelium ist eine gute Nachricht, nicht nur guter Rat. Ein guter Rat ist das, was ein Bankmanager gibt, wenn er jemand, den er gerade völlig enteignet hat, die Adresse der Heilsarmee gibt. Eine gute Nachricht ist, wenn er der Person sagt, dass gerade jemand die überfällige Rate voll und ganz bezahlt und noch eine Million Dollar dazugelegt hat!

Die gute Nachricht anstelle von gutem Rat

Zu viele Christen sind es müde geworden, guten Rat anstelle guter Nachricht zu hören. Sie haben ihre Hoffnungsfähigkeit bei dem Versuch erschöpft, sich mit Problemen zu arrangieren, die täglich schlimmer werden. Die Bibel gebraucht niemals das Verb „sich arrangieren". Sein biblisches Äquivalent ist „überwinden". Gott möchte, dass wir unsere Probleme *überwinden.*

Für die Versöhnung der Geschlechter ist es unerlässlich, Antworten auf die Fragen dieser Frau zu finden. Wenn auch Frauen für gewöhnlich das Ziel des Missbrauchs sind, werden doch auch Männer verletzt. Es herrscht Schmerz und Misere auf beiden Seiten des Zaunes. Der Zaun muss fallen, Hände müssen zueinander finden, und die Augen müssen zu jemand aufgehoben werden, der größer ist, als wir alle.

Es ist notwendig, Sünden zu vergeben und das Unrecht wegzuwaschen, das von ihnen verursacht wurde. Damit Versöhnung der Geschlechter geschehen kann, müssen wir zu vergeben lernen – nicht einmal, sondern millionenfach. Das müssen wir nicht nur einen Tag oder eine Zeit lang tun, sondern ein ganzes Leben lang. Die gute Nachricht ist, dass es möglich ist. Die bessere Nachricht, dass wir heute damit anfangen können.

Die richtige Frage stellen

Ich spürte, dass die in Kapitel fünf erstmals erwähnte Dame jene Frage schon viele Male gestellt hatte und immer wieder durch den Mangel an befriedigender Antwort enttäuscht worden war. Nun stand sie abwartend in der Erwartung da, wieder einmal mit dem altbekannten und gefürchteten Schweigen bestraft zu werden.

Ich sagte ihr, dass die Frage nach dem Warum exakt Satans Lieblingsfrage sei. Niemand als nur Gott kann sie beantworten, weil sie die Kenntnis von jedem Faktor und jeder Möglichkeit voraussetzt. Ich schlug stattdessen eine andere Frage vor: Wozu?

Durch die Frage nach dem „Wozu" würde sie erforschen, was Gott durch die Geschehnisse in ihrem Leben in der Zukunft vollbringen wollte, anstatt zu fragen, was sie wohl in der Vergangenheit falsch gemacht hatte, um solche Behandlung verdient zu haben. Wenn sie eine befreiende Absicht hinter ihrer Tragödie finden könnte, würde sich die Hoffnungslosigkeit, die ihr Leben zerstörte, in Nichts auflösen. Der Zweck macht den Schmerz zu einem Sklaven anstatt einem Meister. Es ist für eine Frau nicht dasselbe, nachts um zwei Uhr schwere Zahnschmerzen zu haben oder mitten in der Nacht Wehen zu bekommen. Wenn auch Wehen viel stärkeren Schmerz erzeugen, freut sie sich sogar auf ein *Zunehmen* des Schmerzes aufgrund des *Zwecks* dahinter: ein Baby auf die Welt zu bringen.

Die Frau auf der Konferenz, bei der ich Sprecher war, fragte, wie hinter soviel Misere irgendwelche Erlösungsabsicht stecken könnte.

Ich erinnerte sie daran, dass 4 von 10 Frauen irgendeine Form von sexuellem Missbrauch oder Belästigung erleiden. Wenn sie eine Lösung fände, würde sie fähig sein, ihnen zu helfen. Wenn andere Opfer sie dann ansähen, würden sie zwei Dinge bemerken: Dass sie mit ihnen aufgrund dessen mitfühlen konnte, was sie durchgemacht hatte, und dass sie die Lösung aufgrund der Hoffnung hatte, die sie bei ihr spüren würden.

Wo war Gott?

„Wo war Gott, als ich vergewaltigt wurde?" fragte sie.

Ich sagte ihr, dass ich darauf keine Antwort habe, doch da es eine faire Frage war, sollten wir versuchen, die Antwort darauf zu finden. Danach gingen wir jedes Jahr ihres Lebens durch und begannen dabei mit ihren frühesten Kindheitserinnerungen.

Wir gingen Jahr für Jahr voran und sprachen ihre Emotionen durch, bis wir zu dem Tag kamen, als ihre Mutter ihr nicht geglaubt hatte und sie auf dem Weg in den reißenden Fluss war. Ich fragte sie: „Warum hast du dich nicht in den Fluss geworfen?"

Sie gab vor, es nicht zu wissen. Ich ermutigte sie, darüber nachzudenken. Sie sagte: „Ich kann nicht."

Ich bestand darauf, und sie weinte: „Ich will es nicht tun."

Sanft und doch energisch drängte ich sie, weiterzumachen. Als sie es versuchte, begann ihr Gesicht zu zucken, ihr Körper schüttelte sich, und die Tränen flossen im Übermaß. Ich konnte sehen, dass sie verzweifelt versuchte, eine Mauer von unterdrückten Emotionen zu durchdringen, die von Schmerz und Bitterkeit zusammengehalten wurden. Dies dauerte eine Zeitlang. Dann, gerade als ich mich zu sorgen begann, ob sie es wohl noch weiter aushalten könne, brach sie in ein strahlendes Lächeln aus.

Sie öffnete ihre Augen mit offensichtlichem Entzücken und rief: „Ich sehe ihn, ich sehe ihn!"

Ich fragte, wen sie denn sähe. Sie sagte: „Jesus. Er war dort bei dem Fluss. Er umarmte mich und tröstete mich. Deshalb bin ich nicht hineingesprungen."

Wir arbeiteten uns Jahr für Jahr weiter voran, bis wir zu dem Moment kamen, wo sie versucht hatte, sich die Pulsadern aufzuschneiden. Dasselbe Szenario von anfänglichem Schmerz entwickelte sich, nur um bald darauf von großer Freude abgelöst zu werden. Dieses Mal sagte sie: „Ich sehe es. Ich sehe es. Ein Engel kam und bedeckte mich mit seinen Flügeln.“

Ich sagte ihr, da Gott ihr so nahe gewesen sei, gäbe es allen Grund zu glauben, dass der letztendliche Ausgang positiv sein würde.

Multiple Persönlichkeiten

„Bist du sicher?“ fragte sie. „Was ist mit den multiplen Persönlichkeiten? Du kannst dir nicht vorstellen, was für ein entsetzliches Leben ich führe. Ich habe mich nie vollständig als Person gefühlt, und weiß nie, wann die gewalttätige Persönlichkeit die Kontrolle übernehmen wird.“

Ich erklärte ihr, dass die Fragmentierung ihrer Persönlichkeit sie vor dem Wahnsinn bewahrt hatte, da es für ein Kind unmöglich ist, in derselben Vorstellung den Vater zu bewahren, den sie instinktiv liebt, und das Biest, das sie vergewaltigt. Die Fragmentierung der Psyche hatte ihr erlaubt, während der gewalttätigen Handlungen einige Stücke des Bildes auszuschalten und somit zu beschützen. Ich versicherte ihr, dass Gott sie heilen könne und würde.

Ich hatte ähnliches schon früher gesehen und wusste zuverlässig, dass Gott einen solchen Zustand heilen konnte. Meine Frau Ruth und ich hatten einer Studentin im Moody Bible Institute gedient, die in völliger Verzweiflung zu uns kam. Sie war emotional total am Ende. Sie war durch alle erdenklichen Formen von Seelsorge gegangen in dem Versuch, mit den 11 Fragmenten zurechtzukommen, in die ihre Persönlichkeit zerbrochen war. Während sie sprach, fragte ich Gott, was ich tun sollte, und hörte ihn ganz klar sagen: „Versichere ihr, dass ich sie heilen werde. Dann sprich ein Gebet des Glaubens.“ Ruth und ich taten genau, wie Gott uns angewiesen hatte, und am nächsten Tag war die junge Frau völlig verwandelt.

Sie erzählte uns, dass sie in der Nacht intensiven Schmerz in ihrer Seele durchlebte, so als ob Knochen, die nicht richtig saßen, gebrochen und an die richtige Stelle gerückt würden. Als sie aufwachte, fühlte sie sich zum ersten Mal in ihrem Leben vollständig. Drei Monate später erkundigten wir uns nach ihrem Wohlergehen, und es ging ihr sogar noch besser. Wir wussten, dass Gott fähig war, diesen schrecklichen Zustand zu heilen.

Bazookas!

Die Frau auf der Konferenz fragte als nächstes nach ihrem hemmungslosen Zorn. Sie sagte uns, wie sehr sie bedauerte, dass ihr Vater gestorben war, bevor sie ihn hatte töten können. Ihr Zorn war so intensiv, dass sie mir versicherte, wenn ihr Vater im Raum wäre, würde sie ihn ohne jegliche Gewissensbisse töten. „Was ist mit meinem Zorn?“ weinte sie.

„Schwester,“ sagte ich, „dieser Zorn ist das, was dich vor totaler Verzweiflung bewahrt hat, da er dir eine Hoffnung gab – eine sehr unvollkommene und bösartige, aber doch immerhin eine Hoffnung. Doch sie konnte dir nicht helfen. Es war so, als würde man dir eine kleine Pistole geben, um auf ein angreifendes Nashorn zu schießen. Du brauchst eine größere Waffe. Ich möchte dir eine Bazooka in die Hände legen, die für Bären geladen ist und mit der du aus nächster Entfernung schießen kannst.

Endlich hatte ich ihre Aufmerksamkeit erregt. Sie fragte: „Was ist das?“

Ich erklärte ihr, dass sie die Gnade Gottes vergeblich empfangen hatte, etwas, wovor Paulus die Korinther warnte (siehe 2. Kor. 6,1).

In 30 Minuten verschwunden

Meine nächsten Worte veränderten ihr Leben für immer. In weniger als 30 Minuten wurde ein halbes Jahrhundert von Elend in eine strahlende Trophäe der Gnade Gottes verwandelt. Dies ist die Botschaft, die notwendig ist, um die Geschlechterkluft zu überbrücken und den stinkenden Dreck von Sünde und Zorn wegzuwaschen, der in aller Welt die Menschen verunreinigt. Es ist die Botschaft darüber, wie man die Gnade Gottes nicht vergeblich empfängt.

Was meine ich? Der Teufel kann Gott nicht davon abhalten, uns Gnade zu schenken, denn Gott ist allmächtig. Ebenso wenig kann er uns daran hindern, sie zu empfangen, denn Gott führt immer zu Ende, was er beginnt. Da Satan die Gnade nicht daran hindern kann, uns zu erreichen, konzentriert er sich darauf, uns davon abzuhalten, sie auf die Sünde *anzuwenden*, für die sie gedacht ist.

Er ist äußerst erfolgreich gewesen, wenn es um unsere Verletzungen ging. Verletzungen sind die greifbaren Dimensionen der gegen uns begangenen Sünden. Die einzige Art und Weise, mit Sünde umzugehen, ist durch Gnade, und deshalb gibt uns Gott Gnade, die Sünde anzugehen, die uns verletzt. Der Teufel sagt uns jedoch, solche Gnade nütze nichts, solange nicht der Täter Buße tut und uns um Vergebung bittet. Er möchte uns glauben machen, Gnade müsse durch die Buße desjenigen aktiviert werden, der uns verletzt hat.

Dies ist ein grausamer Vorschlag, denn wenn der Täter nicht mitmacht, sind wir in einer sehr verletzlichen Position: Einmal verletzt, werden wir immer weiter verletzt durch die Weigerung des Täters, Buße zu tun.

Ein Mangel an Buße von Seiten des Vergewaltigers ist jedoch kein Hindernis, das die Gnade aufhalten könnte. Wenn jemand gegen uns sündigt, gibt uns Gott automatisch Gnade, damit umzugehen. Wenn gegen uns gesündigt wird, liegt es an uns, zu vergeben. Gott vergibt in der vertikalen Dimension, doch nur die verletzte Partei kann eine persönliche Verletzung in der horizontalen Ebene vergeben.

Als Jesus am Kreuz starb, vergoss er sein Blut für die Sünden der Welt, und jedem wurde vergeben. Wie viele der um das Kreuz herumstehenden Menschen erlebten jedoch tatsächlich die Vergebung? Einer sicherlich: der Dieb, der neben Jesus hing. Vielleicht zwei, wenn wir den Hauptmann mitzählen. Auch wenn nur zwei Vergebung empfingen, war doch allen vergeben. Dies war so, weil Gnade von demjenigen aktiviert wird, gegen den gesündigt wird (Christus), nicht von demjenigen, der sündigt.

Die Kraft der Gnade

Es steht immer im Ermessen der verletzten Partei zu vergeben. Satan weiß das, und er arbeitet hart daran, uns davon zu überzeugen, dass wir gar nichts tun können, solange der Täter nicht Buße tut.

Wenn wir diese Lüge glauben, bringt uns das dazu, die Gnade Gottes vergeblich zu empfangen. Es ist, wie wenn eine Person, die an Lungenentzündung leidet, die richtigen Antibiotika empfängt, sie auf den Nachttisch legt, sie jedoch nie einnimmt – und wenige Tage später stirbt. Obwohl die Person die Medikamente *empfängt*, versagt sie doch darin, sie *einzunehmen*. Das ist, was Paulus in 2. Korinther 6,1 schreibt: „Als Mitarbeiter aber ermahnen wir auch, dass ihr die Gnade Gottes nicht vergeblich empfangt.“ Es reicht nicht aus, die Gnade zu empfangen. Wir müssen sie auch auf die Sünde anwenden.

Die schmerzhaftesten Wunden werden uns von Menschen zugefügt, die wir nicht einfach aus unserem Leben auslöschen können, so wie Verwandte, Geschäfts- und Lebenspartner. Außerdem – egal wie alt die Verletzung ist, es ist, als würde sie täglich aufgrund des ständigen Abspulmechanismus wiederholt, der in die Verletzung eingebaut ist.

Alle Verletzungen zählen

Bist du jemals verletzt worden? Ich bin sicher, du kannst mir für mehr als nur einen Täter eine ausführliche Aufstellung geben. Du kennst ihre Übeltaten sehr gut. Du erinnerst dich an jedes Detail. Da diese Verletzungen in deinem Verstand so frisch sind, frage ich mich, ob sie wohl heute geschahen, vielleicht heute morgen? Nein, sagst du. Sie geschahen vor langer Zeit, aber sie geschehen jeden Tag von Neuem, sobald du dich an sie erinnerst. Wenn du so bist wie alle anderen, fügst du wahrscheinlich den ursprünglichen Schichten von Schmerz ständig neue hinzu.

Ich hatte einmal ein Seelsorgegespräch mit einem älteren Mann, der so alt war, dass er schon Falten in seinen Falten hatte. Im Flüsterton und durch zusammengebissene Zähne hindurch erzählte er mir eine äußerst herzzerreißende Geschichte von Schmerz und Missbrauch. Während er dies tat, begannen Tränen das Geflecht von Falten auf seinen Wangen hinabzulaufen. Als ich zusah, sagte ich mir: „Diese Tränen müssen wohl die bittersten Tränen der Welt sein, wenn dieser Mann solchen Schmerz erlebt.“

Als er mir von einer Verletzung erzählte, fragte ich ihn: „Roger, wie lange ist das her?“ Er sah mich durch das verschmierte Glas von Hoffnungslosigkeit und Scham hindurch an, das seine Augen verschleierte, und sagte: „Fünfzig Jahre.“ Obwohl es vor einem halben Jahrhundert geschehen war, geschah es doch hier wieder mitten vor unseren Augen.

Roger hatte unzählige Predigten über Gnade und Vergebung gehört. Er hatte öfter Gebet empfangen, als er zählen konnte, doch nicht viel hatte sich verändert. Warum? Weil er, obwohl er viel Gnade empfing, diese vergeblich empfing. Sein Nachttisch stand voll mit Flaschen der richtigen Medizin, doch er nahm sie nie ein, weil er darauf gewartet hatte, dass der Täter sie ihm reichen würde. Was für eine Verschwendung von Gnade!

Die Verletzung loslassen

Lass uns zuerst in die Schrift schauen, um zu verstehen, wie das Anwenden von Gnade funktioniert: „Daher, wenn jemand in Christus ist, so ist er eine neue Schöpfung; das Alte ist vergangen, siehe, Neues ist geworden" (2. Kor. 5,17).

Zu welchem Zeitpunkt in deinem Leben begannen die neuen Dinge Gottes zu greifen? Wenn deine Antwort lautet, „ab dem Moment meiner Bekehrung", dann ist es möglich, dass du die Gnade Gottes vergeblich empfangen hast. Du magst dich nun mit zwei Körben in der Hand wiederfinden. Einer würde die neuen Dinge enthalten, die Jesus dir seit deiner Bekehrung gegeben hat. Du möchtest, dass jeder diesen Korb sieht. In der anderen Hand jedoch hältst du einen zweiten Korb, und den versteckst du schützend hinter deinem Rücken. Du möchtest niemand sehen lassen, was sich in diesem Korb befindet, weil er die alten Dinge enthält, die vor deiner Bekehrung geschahen.

Wenn dies deine Situation ist, dann sagst du vielleicht: „Ich wünschte, ich hätte Jesus schon früher kennengelernt. Ich bin dankbar für die Errettung und die vielen neuen Dinge, die er mir gegeben hat. Doch einige der alten Dinge, die ich tat, bevor ich zu Jesus kam, haben mich verletzt und vernarbt zurückgelassen, und heute lebe ich in ihrem Schatten."

Dies klingt nicht wie eine gute Nachricht. Es ist sogar eine entsetzliche Nachricht. Es ist gleichbedeutend mit geistlicher Schizophrenie und repräsentiert genau das Gegenteil dessen, was Gott für dein Leben haben möchte.

Was zum Augenblick der Bekehrung tatsächlich geschieht, ist, dass die Gnade Gottes in unser Leben kommt und bis zum Augenblick unserer Empfängnis zurückgeht, und alles Alte zu etwas Neuem macht. Dies ist möglich, weil Gott alle Dinge zum Besten zusammenwirken lässt.

Er nimmt, was der Teufel zum Bösen gedacht hat, und gebraucht es zum Guten. Wo Sünde mächtig ist, lässt er Gnade überströmen. Sünde kann nie stärker sein als Gnade; es ist genau umgekehrt herum. Dies wird durch das Zeugnis des Paulus illustriert. Vor seiner Bekehrung war das hässlichste *Alte* in seinem Leben, dass er der *Zerstörer* des Glaubens war. Nach seiner Bekehrung wurde er der *Erbauer* der Gemeinde.

Die Gesamtheit des Lebens

Unsere Seelenlandschaft war von allen möglichen bösen Taten vernarbt. Gottes Gnade ist dazu bestimmt, im Augenblick unserer Bekehrung unser altes Leben umzuwandeln. Er hat nicht nur den Teil unseres Lebens errettet, der am Tag unserer Wiedergeburt begann. Er errettete die Gesamtheit unseres Lebens vom Augenblick unserer Empfängnis an. So sollte es auch sein, denn wenn es ein Gebiet in unserem Leben gibt, das Umwandlung benötigt, dann ist es das Leben, das wir geführt haben, bevor wir Jesus als Herrn und Erlöser angenommen haben.

Weil die Empfängnis der Punkt ist, wo Leben beginnt, ist sie auch der Zeitpunkt, wo *alte Dinge* beginnen können zu geschehen. Als Diener Gottes sehe ich oft Beweise davon in der Seelsorge. Es gibt Menschen, die mit furchtbaren Ablehnungsgefühlen zu tun haben und gar nicht wissen, warum. Nachdem ich eine ganze Menge Fragen gestellt habe, entzieht sich die Antwort doch immer wieder unserer Kenntnis. Wenn ich jedoch eine solche Person frage: „Bist du das Resultat einer ungewollten Schwangerschaft?“, trifft das augenblicklich ins Schwarze.

Warum?

Weil sich die Mutter, als sie herausfand, dass sie erst wenige Wochen schwanger war, aufregte und wünschte, die Schwangerschaft würde einfach weggehen, womit sie unwissentlich und ohne es zu wollen die alte Geschichte in das junge Leben wieder einführte. Eine Person mit solchem Hintergrund mag im Alter von 5 oder von 50 Jahren Christ werden, doch wenn die Gnade Gottes nicht ganz bis zum Augenblick der Empfängnis zurückgeht, um die anfängliche alte Geschichte in Neues zu verwandeln, wird sie weiterhin im Elend leben. Sie wird es in den Himmel schaffen, doch bis dahin wird sie die Hölle auf Erden erleben.

Das Gute, das Gnade ermöglicht

Gnade ist für jede Sünde in unserem Leben da – nicht nur für die *von* uns begangenen, sondern auch für die *gegen* uns begangenen Sünden. Gottes Absicht ist, dass seine Gnade unser ganzes Leben durchdringt, jede böse Tat anrührt und schließlich uns sowie diejenigen, die gegen uns gesündigt haben, vom Fluch der Sünde freisetzt.

Warum ist es so schwer zu verstehen, dass dieselbe Gnade, die unsere Sünde wegwäscht, auch die Sünden auslöscht, die andere gegen uns begangen haben? Es ist schwierig, weil wir als Bewohner der westlichen Welt das Leben individuell sehen. Uns wurde zu glauben gelehrt, dass Gott mit uns als Individuen umgeht. Auch wenn dies korrekt ist, so ist es doch auch wahr, dass Gott mit uns als Gemeinschaft umgeht. In der Bibel finden sich jede Menge Beispiele, wo die Sünde oder die Buße einer Person ganze Menschengruppen verflucht oder gesegnet hat (siehe Jos. 7,1-26; Esra 9,5-15; 10,1). Wir gehen gern schnell über diese Bibelstellen hinweg, weil wir sie als Bewohner der westlichen Welt schwierig finden, doch sie sind die ganze Bibel hindurch zu finden.

Sünde, sogar *persönliche* Sünde, betrifft in ihren Konsequenzen die Gemeinschaft und muss auch gemeinschaftlich behandelt werden. Wenn ein Mann Ehebruch begeht, wird auch die unschuldige Frau sowie seine Kinder, sein Dienst und seine Gemeinde in Mitleidenschaft gezogen. Es gibt aus dieser gemeinschaftlichen Dimension der Sünde kein Entrinnen. Wenn daher Gnade Gottes Medizin für Sünde ist, muss sich auch Gnade, um effektiv die Sünde ausmerzen zu können, in ihren Vorteilen auf die Gemeinschaft auswirken. Dies ist eine gewaltig gute Nachricht!

Wenn ein Sünder Buße tut, wird Gott ihm oder ihr sofort vergeben und so den Strom von Verunreinigung abschneiden, der durch die Sünde verursacht wurde. Wenn er oder sie jedoch keine Buße tut, stellt Gott denjenigen Gnade zur Verfügung, die betroffen sind, um den von der Sünde verursachten Verfall aufzuhalten und sogar rückgängig zu machen.

Durch die Augen Christi hindurch

Bevor wir an den Punkt kommen, die Gnade zu empfangen, die Christus uns allen anbietet, müssen wir die Person, die gegen uns gesündigt hat, so sehen, wie Gott ihn oder sie aus der Sicht des Kreuzes betrachtet. Den Schlüssel finden wir in 2. Korinther 5,16: „Daher kennen wir von nun an niemand nach dem Fleisch; wenn wir Christus auch nach dem Fleisch gekannt haben, so kennen wir ihn doch jetzt nicht mehr so."

Wir haben die Wahl: Wir können den Täter in Christus sehen oder im Fleisch. Im Fleisch ist seine oder ihre Sünde immer noch aktiv und verdient Strafe, doch in Christus ist sie schon vergeben, auch wenn er oder sie noch nicht den Nutzen daraus eingefordert hat. Durch das Blut Jesu ist für die Sünde bezahlt. Wenn diese Person Buße tut, wird Christus dafür nicht noch einmal sein Blut vergießen, da er dies schon ein für allemal getan hat.

Der Vater, die Tochter und die Biene

Dieses Prinzip der Gnade Gottes gibt uns die Wahl, den Täter entweder im fleischlichen (nicht vergebenen) Zustand zu sehen oder als schon in Christus vergeben. Paulus ermahnt uns, ihn *in Christus* zu sehen und dementsprechend zu behandeln. Dies wird durch die Geschichte vom Vater, der Tochter und der Biene anschaulich illustriert.

Ein Mann fuhr an einem heißen Sommertag in seinem Auto auf der Autobahn. Die Fenster waren geschlossen, die Klimaanlage lief, und seine fünfjährige Tochter saß neben ihm. Plötzlich begann sie zu schreien: „Papa, da ist eine Biene im Auto. Sie wird mich stechen. Ich habe Angst, Papa! Bitte tu doch etwas!"

Der Vater versuchte ein Auge auf den Verkehr gerichtet zu halten, während er mit dem anderen nach der Biene suchte. Schließlich fing er die Biene und hielt sie fest in seiner Hand, bis sie ihn stach. Dann nahm er die Biene an den Flügeln und zeigte sie seiner Tochter, die nur noch panischer reagierte. Sie weinte: „Papa, sie wird mich stechen. Sie wird mich stechen." Er aber deutete auf den Einstich in seiner Handfläche und sagte: „Hab keine Angst. Sie kann dich nicht mehr verletzen, weil sie schon mich gestochen hat." Dies ist genau das, was Christus am Kreuz getan hat. Die gegen uns begangene Sünde wurde durch die Striemen vergeben, die er erlitt. Er bezahlte den Preis, damit uns überströmende Gnade zur Verfügung stehen kann, um sie aus der horizontalen Perspektive auszumerzen.

Warum so viel Schmerz?

Du magst sagen: „Wenn für meine Sünde schon bezahlt ist, warum tut sie dann so weh?“ Weil der Lohn der Sünde der Tod ist (siehe Röm. 6,23). Daher bleibt Sünde, mit der nicht umgegangen wurde, aktiv und bringt Tod hervor – und das Tag für Tag. Wenn eine Person vor langer Zeit geschlagen oder vergewaltigt wurde, schmerzt die physische Dimension nicht länger. Die Wunden und Schmerzen sind lange vergangen. Was immer noch schmerzt, ist der Tod, den die Sünde, mit der nicht umgegangen wurde, weiterhin hervorruft. Sünde ist immer noch aktiv und wird auch aktiv bleiben, bis das Blut Jesu darauf angewandt wird. Um das tun zu können, muss der Sünder *in Christus* und seine Sünden als vergeben gesehen werden.

Härter als Nägel

Irgendwie möchte uns der Teufel einreden, Gnade sei weich wie Gelee. Ganz im Gegenteil, Gnade ist härter als Nägel! Gnade auf Sünden anzuwenden, die keinerlei Gnade verdienen, ist kein Akt von Schwäche, sondern großen geistlichen Mutes. Gnade war die Waffe, die Jesus wählte, als er nackt, von seinen Jüngern verlassen, von seinem Vater getrennt und von Dämonen umringt am Kreuz hing. Er erschien als schwach und verletzlich und benutzte zu seiner Verteidigung keine andere Waffe als die Gnade.

Er streckte sich danach aus, und in einem einzigen Augenblick kehrte er alles ins Gegenteil. Satan wurde entwaffnet und im Triumphzug als Verlierer herumgeführt (siehe Kol. 2,14-16). Der Dieb glaubte an Jesus. Der Hauptmann erkannte seine Göttlichkeit an. Die Menschenmengen gingen weg und schlugen sich auf die Brust, weil sie davon überzeugt waren, dass sie einen Fehler begangen hatten, als sie seiner Kreuzigung zustimmten. Der Vater konnte einen Weg öffnen, durch den Sünder aus den Kerkern Satans entfliehen können. In einer Sekunde wurden die Sünden der ganzen Welt gesühnt. Und all das nur deshalb, weil Jesus die Gnade anstatt von Gericht wählte.

Gnade verwandelt die schlimmste Sünde in die beste Trophäe. Dies ist genau die Gnade, vor der uns Paulus warnt, sie nicht vergeblich zu empfangen.

Fluch in Segen umwandeln

Die Gnade ist so mächtig, dass sie die schlimmsten Situationen in die besten umzuwandeln vermag. Die bösartigste Sünde, die jemals auf dem Planeten Erde begangen wurde, war die Tötung Jesu. Sie geschah an einem Kreuz. Und doch ist heute das Kreuz ein Symbol des Segens. Gläubige tragen Kreuze an Halsketten. Kreuze sind auf Bibeleinbände gedruckt, auf Gebäuden aufgerichtet, das Kreuz wird mit tiefer Emotion und Dankbarkeit besungen. Sehr wenige Dinge rufen mehr Freude hervor als das Kreuz.

Doch vor dem Tod Jesu war es ein Symbol des Fluches: „Verflucht ist jeder, der am Holz hängt" (Gal. 3,13). Wann wurde es vom Fluch zum Segen? Im Moment, als sich die Gnade Jesu darum wand. Als er ausrief: „Vater, vergib ihnen, denn sie wissen nicht, was sie tun" (Lk. 23,34). Er verwandelte den Fluch des Kreuzes in den Segen, den wir heute kennen. Gnade machte es möglich.

Lass den Heiligen Geist gerade jetzt zu dir sprechen. Lass ihn dir versichern, dass je größer die Sünde, die gegen dich begangen wurde, umso größer die Gnade, die dir Gott schon bereitgestellt *hat.* Du kannst diese Flüche in Segen verwandeln, genau, wie Jesus es tat.

Ein todesmutiges Vorbild lebendigen Glaubens

Vielleicht sagst du nun, dass du vom Kopf her verstehst, wie Jesus es tat, und dennoch empfindest, dass du nicht auf dieselbe Weise reagieren kannst, weil du einfach nur ein Mensch bist. Wenn du so empfindest, dann lass mich dich auf den Fall von Stephanus in der Apostelgeschichte 7 verweisen, da er ein menschliches Wesen war, genau wie du und ich. Er predigte einer höchst abweisenden Menschenmenge. Wenn auch sein Gesicht aussah wie das eines Engels, so wurde doch seine Zuhörerschaft von Minute zu Minute zorniger, bis sie sich in einen Mob verwandelten und sich auf ihn stürzte. Sie stießen ihn über eine Klippe und begannen ihn zu steinigen. Saulus von Tarsus, der später Paulus wurde, war einer der Anführer der zornigen Meute.

Als diese im Zorn geworfenen Steine Stephanus trafen, zerbarsten sie seinen Schädel und brachen seine Rippen – Stephanus begann in seinem eigenen Blut zu ertrinken! Jedes Mal, wenn er den Blick erhob, sah er zornige Gesichter. Das Gesicht von Saulus war das zornigste. Doch hinter jener rasenden Menge sah er auch den Himmel offen und Jesus stehen. Seltsamerweise saß Jesus nicht zur Rechten des Vaters und tat Fürbitte. Stattdessen stand er in einer Position des Gerichts. Einige Theologen meinen, er tat dies, weil Israel so nahe davor stand, die Sünde zu begehen, die nicht vergeben werden kann.

Was tat Stephanus in einer solchen Situation von Sünde und Gericht? Angesichts solcher Sünde bat er den Vater um außergewöhnliche Gnade. Er rief aus: „Herr, rechne ihnen diese Sünde nicht zu" (siehe Apg. 7,60).

Saulus wird zu Paulus

Der Vater erhörte Stephanus, und zwei Kapitel später wurde Saulus von Tarsus, der Zerstörer, zu Paulus, dem Erbauer der Gemeinde (siehe Apg. 9). Als Paulus an der Straße nach Damaskus lag, musste ihn niemand zu Christus führen. Wir dürfen Stephanus dafür danken. Alles begann, als er Gnade auf die Sünde anwandte, die Paulus gegen ihn begangen hatte. Saulus bat nicht um Gnade, doch Stephanus gewährte sie ihm dennoch, und zwar mit außergewöhnlichen Resultaten. Gnade ist wirklich mächtig!

Dies ist genau dieselbe Gnade, die dir auch heute zur Verfügung steht. Wütende Leute steinigen dich mit bösen Worten und schlechten Taten, die sich anfühlen wie Steine. Genau wie Stephanus bist du voller Schmerz. Doch auch du kannst dich entscheiden, den Täter *in Christus* zu sehen statt im Natürlichen. Seine oder ihre Sünden haben schon Jesus durchbohrt. Sie müssen dich nicht länger durchbohren, wenn du Gnade darauf anwendest.

Du magst sagen: „Stephanus war ein Diener Gottes, erfüllt mit dem Heiligen Geist und im Werk Gottes tätig, ich aber bin einfach nur ein Christ, der mit allem möglichen zu kämpfen hat." Lass mich dich in diesem Falle einmal fragen: „Wie sieht es aus mit der Dame, die Opfer von Inzest wurde?" Ich bezweifle, dass es viele Menschen gibt, die so viel gelitten haben. Lass mich erzählen, wie sie schließlich Freiheit fand, indem sie Gnade anwandte, anstatt sie nur zu empfangen.

Jetzt oder nie!

Nachdem ich diese Wahrheiten erklärt hatte, fragte jene Dame: „Willst du mir etwa sagen, ich solle meinem Vater vergeben und Gnade auf den ganzen Haufen abscheulicher Sünden anwenden, die er gegen mich begangen hat?“ Als ich bejahte, verlor sie die Beherrschung und begann zu schreien: „Niemals! Niemals! Ich hasse ihn. Eine meiner größten Frustrationen ist, dass er starb, bevor ich ihn eigenhändig töten konnte.“

Ich sagte ihr auf sanfte, doch feste Weise: „Du hast 55 Jahre Hölle auf Erden erlebt. Auch wenn du doppelt so lange leben solltest, es würde doch nur Jahr für Jahr schlimmer werden. Deine einzige Chance ist, Gnade anzuwenden. Du musst dich nicht danach fühlen. Tu es einfach.“

In dem Moment überwältigte sie der Heilige Geist, und sie stimmte zu. Durch zusammengebissene Zähne hindurch vergab sie ihrem Vater und segnete sein Andenken. Als nächstes legte ich meine Hände auf ihren Kopf und betete, dass Gott ihre Psyche heilen und die zerbrochenen Stücke ihrer Persönlichkeit wieder vereinen möge.

Endlich ganz

Am nächsten Tag reiste ich weiter zu meinem nächsten Auftrag. Ab und zu erinnerte ich mich an sie, doch erst ein knappes Jahr später kam ich in ihre Stadt zurück, um in einem Stadion zu predigen. Während ich mich im Raum neben der Bühne aufhielt, ging die Tür auf und eine Frau kam herein. Als ich aufsah, erkannte ich die Dame, für die ich gebetet hatte. Sie schüttelte mir begeistert die Hand. Ich fragte sie, wie es ihr gehe. Sie antwortete: „Ich bin am Kämpfen. Ich kämpfe jeden Tag, jede Minute und manchmal jede Sekunde. Aber es gibt einen Unterschied zwischen kämpfen und immer verlieren oder kämpfen und immer gewinnen. Und ich gewinne! Der Hass hat mich nicht länger unter seiner Herrschaft.“

Ich fragte nach ihrer gespaltenen Persönlichkeit. Sie lächelte großzügig und sagte: „Ich bin ganz. Zum ersten Mal in meinem Leben bin ich nicht länger gespalten. Gott hat mich geheilt!“

Was für ein außergewöhnliches Wunder! Gnade ist tatsächlich härter als Nägel. Sie ist definitiv stärker als Sünde; und das sollte sie auch sein, da sie Gottes Gegenmittel für Sünde ist.

Satans Vergeltung

Alles, was der Teufel in der Vergangenheit tun musste, um diese Dame zu quälen, war das Wort „Inzest“ zu wispern. Sobald er das tat, brach sie zusammen. Nun steht sie vor Opfern von Inzest und quält genau dieselben Dämonen, die sie einst zu quälen pflegten, indem sie *Gnade* verkündet. Indem sie anderen Hoffnung bringt, mit denen sie soviel verbindet, hat sie eine Erlösungsabsicht für ihre traumatische Kindheit gefunden. Gott gebraucht zum Guten, was der Teufel zum Bösen gedacht hatte.

Du bist dran!

Wie sieht es bei dir aus? Was ist mit jenen Verletzungen, die Tag für Tag, Monat für Monat wieder in deinem Verstand abgespult werden? Du wirst nicht fähig sein, anderen zu vergeben, solange du nicht der Gnade Gottes erlaubst, soweit zurückzufließen, dass sie alles Böse anrührt, was getan wurde – *von* dir und *an* dir. Du musst das *Alte* gegen *Neues* auswechseln. Dass dies möglich ist, ist ermutigend. Dass es gerade jetzt geschehen kann, ist vollends begeisternd.

Vergeben zu lernen ist unabkömmlich für Versöhnung, da niemand geben kann, was er oder sie nicht hat. Wir müssen Gnade bis hinab in die tiefsten Tiefen erleben und dann *eifrig* sein, sie anderen in unserem Bekanntenkreis weiterzugeben.

Um wiederhergestellt zu werden, müssen Männer und Frauen Tag für Tag Gnade aufeinander anwenden. Um Ehen wiederherzustellen, muss Gnade zwischen den Partnern fließen. Das kommende Rückspiel wird den Herrn der Gnade gegen den Herrn der Sünde als Hauptdarsteller haben. Gott hat sich entschieden, seine Truppen als Tauben zu tarnen. Tauben sind friedliche Vögel. Der Heilige Geist, der Diener der Gnade, war bei der Taufe Jesu ebenfalls als Taube repräsentiert. Gnade war damals der Schlüssel, und sie ist es auch heute noch.

Wo immer du diese Worte liest, ich dränge dich, *entscheide dich* gerade jetzt, Gnade auf jede Person anzuwenden, die dich verletzt hat. Nimm jede Sünde, die von Mitgliedern des anderen Geschlechts gegen dich begangen wurde, von Leitern, Freunden und Verwandten, lege sie auf einen Haufen und bedecke sie mit der Gnade, die dir Gott *schon* gegeben hat und die Teil der Gnade ist, die dich ursprünglich errettet hat. Wenn du natürlich noch niemals Jesus Christus als Herrn und Erlöser angenommen hast, musst du das zuerst tun. Wenn du jedoch gläubig bist, musst du nicht um zusätzliche Gnade bitten. Sie ist schon in dir. Das Vaterunser sagt uns ganz klar: „(Vater), vergib uns unsere Sünden, denn auch wir selbst vergeben jedem, der uns schuldig ist“ (Lk. 11,4). Es ist alles Teil derselben Gabe.

Lass sie einfach durch deine ganze Seele reisen bis in deine frühesten Erinnerungen und beobachte, wie sie Altes zu Neuem macht. Das ist genau das, was Gnade am besten kann: Sie verwandelt Sünden in Segnungen. Je größer die Sünde, desto größer die Trophäe, die sie zu produzieren imstande ist.

Ich ermutige dich, dieses Gebet gerade jetzt zu sprechen:

> *Gott, Vater, ich danke dir für die Gnade, die mir Jesus gegeben hat, als er starb. Ich danke dir auch, dass solche Gnade nicht nur für mich gedacht war, sondern auch für alle anderen. Sie hat meine Sünden ebenso vergeben wie ihre Sünden. Bitte lass diese Gnade jede Person anrühren, die mich mit böser Absicht angerührt hat sowie jede Person, die gegen mich gesündigt hat. Lass es im Himmel und auf Erden bekannt werden, dass sie von diesem Augenblick an durch dieselbe Gnade Vergebung erlangt haben, durch die mir vergeben wurde. Vater, ich bete auch, dass du sie segnest. Ich bitte dich, stelle sie wieder her und lass sie Wohlergehen erleben. Ich bitte für sie um jeden Segen, den ich jemals für mich selbst erbeten habe. Ich setze sie frei, und indem ich das tue, setze ich auch mich selbst durch dieselbe Gnade frei. Im Namen des Herrn Jesus Christus. Amen.*

13. Die Sternstunde der Frauen

Jesus ging früh am Morgen, nachdem er die Nacht auf seinem bevorzugten Gebetsberg, dem Ölberg, verbracht hatte, in den Tempel. Als die Menschen zu ihm kamen, setzte er sich und begann zu lehren (siehe Joh. 8,1-2). Es war ein friedlicher Rahmen, den Jesus definitiv genoss.

Plötzlich wurde die Ruhe gestört, als die Schriftgelehrten und Pharisäer eine Frau gewaltsam vor Jesus zerrten, die beim Ehebruch ergriffen worden war. Sie verlangten von Jesus, ihrem Tod, wie vom Gesetz vorgeschrieben, zuzustimmen. Jesus antwortet zunächst nicht. Er beugte sich einfach hinab und schrieb mit seinem Finger auf den Boden, während die religiösen Leiter auf ihrer Forderung nach Todesstrafe beharrten (siehe Joh. 8,3-6).

So schrecklich die Sünde dieser Frau auch war, sie hätte nicht allein als Angeklagte dastehen sollen, da es zum Ehebruch immer zwei Personen benötigt. Wo war der Mann? Warum wurde nicht auch er herbeigebracht? Das Gesetz sagt ganz spezifisch, dass beide gesteinigt werden sollten. In den Augen der Ankläger war es in Ordnung, die Frau anzuklagen, den Mann aber nicht. Was für ein Widerspruch!

Gleiche Verantwortung

Das obige Bild ähnelt dem, was wir heutzutage oft im Dienst Gottes sehen. Von übermäßigem Eifer getriebene Menschen konzentrieren sich absichtlich auf Bibelstellen, die ihren einseitigen Blickpunkt unterstützen. Sie verlangen Gericht gegen die Frau, die „auf frischer Tat… ergriffen wurde“ wurde (Joh. 8,4), ohne an den Anteil des Mannes an der Verantwortung für den Gesetzesbruch zu denken. Dies setzt sich in unsere Zeit fort und so stehen Frauen ausgeliefert, gedemütigt und verunreinigt da. Legitimer männlicher Abdeckung beraubt, werden sie oft zu ehebrecherischen Ersatzlösungen getrieben.

Während Jesus auf den Boden schrieb, entschied er sich, nicht die Sünden der Männer im allgemeinen bloßzulegen und nicht zu verlangen, dass der männliche Ehebrecher ebenfalls hinzugebracht würde. Ebenso wenig sagte er den selbstgerechten Anklägern, dass sie genauso schuldig waren wie die Frau und der Mann, die beim Ehebruch ergriffen worden waren. Er wusste jedoch, dass dies so war, weil er fähig war, die Herzen der Menschen zu lesen.

Warum blieb er stumm? Weil er ein Versöhner ist, kein Auseinanderbringer! Er ist ein Fürbitter, nicht ein Ankläger. Er stellte sich absichtlich auf keine Seite, weil das genau das ist, was der Teufel tut. Jesus kam, um „zu suchen und zu erretten, was verloren ist" (Lk. 19,10). Und was verloren war, ist nicht in einem Stück oder auf einem Haufen. Es ist zersplittert und überall verstreut. Er sucht sich nicht die am besten aussehenden Stücke heraus und lehnt die am stärksten zerbrochenen ab. Er wartet, bis er all die zerbrochenen Stücke aufheben, in die Arme schließen, an sein Herz ziehen und schließlich reparieren kann!

In derselben Weise weigert sich Jesus, bezüglich der Geschlechterkluft Partei zu ergreifen. Er wird nicht die Männer erniedrigen, um die Frauen zu erhöhen, oder umgekehrt. Stattdessen begegnet er ihnen genau auf dem Niveau, auf dem sie sich gerade befinden, um sie *beide* auf sein Niveau zu erheben. Das ist der Weg des Kreuzes. Jesus ist treu, sogar, wenn wir untreu sind, weil er sich nicht selbst verleugnen kann. Er ist ein Erlöser, kein Verdammer.

Eine radikale Botschaft

Ist die Methode Jesu effektiv? Ja! Was meinst du, wo diese Männer und Frauen hingingen, nachdem sie Jesus an jenem Tag verließen? Höchstwahrscheinlich gingen sie nach Hause zu ihren Frauen. Als sie sich im verzweifelten Gesicht der angeklagten Frau so widergespiegelt sahen, müssen sie wohl gemerkt haben, wie nahe sie immer wieder daran gewesen waren, ebenso angeklagt dazustehen wie sie. Das Schweigen Jesu verankerte ein für allemal die Abscheulichkeit von Ehebruch in ihrem Sinn.

Zur Frau sagte er: „Geh hin und sündige nicht mehr“ (Joh. 8,11). Was für eine befreiende Botschaft, sie fließt nur so von Hoffnung über! Anstatt sich mit der Vergangenheit aufzuhalten, bedeckte er sie mit Barmherzigkeit und wies die Frau in Richtung wiederherstellender Heiligkeit. Nicht länger zu sündigen, bedeutete, die Beziehung mit dem Ehebrecher zu beenden und ihre beschädigte Ehe zu reparieren – eine schwierige und doch notwendige Aufgabe, die Versöhnung der Geschlechter auf innigstem Niveau erfordert.

Ist eine so radikale Veränderung möglich? Ja! Sofort nach dem Befehl, nicht mehr zu sündigen, rief Jesus aus: „Ich bin das Licht der Welt; wer mir nachfolgt, wird nicht in der Finsternis wandeln, sondern wird das Licht des Lebens haben“ (Joh. 8,12). Er weiß um unsere Finsternis. Er weiß, dass wir sein Licht brauchen. Anstatt unsere Finsternis zu verdammen, erleuchtet er für uns den Weg, damit wir ihm folgen können. Wenn wir das tun, lassen wir die Finsternis ein für allemal hinter uns.

Kurz nachdem Jesus verkündete, dass er das Licht der Welt sei, brach eine sehr intensive theologische Diskussion aus. Zuerst widerstanden viele seinem Wort und klagten ihn an, falsches Zeugnis gegeben zu haben – eine schwere Übertretung unter dem Gesetz. Jesus blieb unerschütterlich. Er sagte: „Wenn ihr den Sohn des Menschen erhöht haben werdet, dann werdet ihr erkennen, dass ich es bin“ (Joh. 8,28). Als die Menge seine unerschütterlichen Worte hörte, „glaubten viele an ihn“ (Joh. 8,30).

Was bedeutet es, dass diejenigen, die „den Sohn des Menschen erhöht haben... erkennen, dass ich es bin?“ Das Wort „Mensch“ in „Sohn des Menschen“ bezieht sich nicht nur auf Männer. Es ist das griechische Wort *anthropos*, was Männer wie Frauen beinhaltet.

Es ist höchste Zeit, den Sohn des Menschen zu erheben, den Erlöser von Männern wie Frauen. Wenn wir Jesus als den Sohn des Menschen (anthropos) sehen, werden wir entdecken, dass in ihm Männer und Frauen versöhnt sind. Wir werden unsere Position in Christus einnehmen und beginnen, harmonisch Seite an Seite miteinander zu dienen, wie es Adam und Eva im Garten Eden taten.

Eine Siegesparade

Das ist es, was Psalm 68 deutlich macht. Nach dem Überraschungssieg, in dem Frauen eine entscheidende Rolle spielten, führte der Herr eine triumphale Siegesparade an: „Der Wagen Gottes sind zehntausendmal Tausende, – Erhabenheit!; der Herr ist unter ihnen, Sinai im Heiligtum" (Ps. 68,18).

In biblischen Zeiten pflegten siegreiche Könige unter ihrer Rechtsprechung den Menschen einige der besten Gefangenen zu Geschenken zu machen. Das ist genau, was Gott tat: „Du bist hinaufgestiegen zur Höhe, du hast Gefangene weggeführt, hast Gaben empfangen für die Menschen" (Ps. 68,19, KJV).

Die Ausrüstung aller Heiligen

Auf diese spezifische Bibelstelle bezieht sich Paulus in Epheser 4,8 und 11:

> Hinaufgestiegen in die Höhe, hat er Gefangene gefangen geführt und den Menschen Gaben gegeben... Und er hat die einen als Apostel gegeben und andere als Propheten und andere als Evangelisten und andere als Hirten und Lehrer.

Dies ist die Bibelstelle, aus der wir die Lehre der Dienstgaben in der Gemeinde entwickelt haben: Apostel, Propheten, Evangelisten, Hirten und Lehrer.

Es mag vielleicht zu Anfang widersprüchlich erscheinen, dass eine so grundlegende Bibelstelle auf einen Psalm verweist, der die Rolle der Frau hervorhebt, da diese Ämter traditionell nur mit Männern besetzt wurden. Doch die Verbindung ist äußerst passend, wenn wir verstehen, dass diese Ämter dazu erschaffen wurden, der *gesamten* Gemeinde einen Status zu vermitteln, der Integration und Harmonie unter beiden Geschlechtern „zur Ausrüstung der Heiligen für das Werk des Dienstes, für die Erbauung des (gesamten) Leibes Christi" (Eph. 4,12) widerspiegelt.

Der Apostel Paulus beschreibt das Resultat einer solchen Ausrüstung folgendermaßen:

> ... bis wir *alle* hingelangen zur Einheit des Glaubens und der Erkenntnis des Sohnes Gottes, zur vollen Mannesreife, zum Vollmaß des Wuchses der *Fülle* Christi... Aus ihm wird der *ganze* Leib gut zusammengefügt und verbunden durch *jedes* Gelenk des Dienstes, entsprechend der Wirksamkeit nach dem Maß *jedes einzelnen* Teils; und so wirkt er das Wachstum des Leibes zu seiner Selbstauferbauung in Liebe. Epheser 4,13-16, Hervorhebung hinzugefügt

Die Fülle an Superlativen – „alle", „Fülle", „ganz" und „jedes" – offenbart ein Ideal, das durch einen Prozess erreicht werden wird, wie Paulus durch den Ausdruck „*bis* wir alle hingelangen zur... Fülle Christi" (V. 13, Betonung hinzugefügt) aufzeigt.

Wenn wir diese Bibelstelle in den Zusammenhang ihrer Quelle, Psalm 68, stellen, finden wir Grund zu dem Schluss, dass Gottes triumphale Siegesparade die völlige Wiederherstellung der Geschlechter beinhaltet, wie sie in der Prophetie Joels beschrieben ist (siehe Kap. 8) und auf die sich Paulus im Epheserbrief bezieht.

Dies stimmt völlig mit dem Hinweis in der Prophetie Joels auf Söhne und Töchter, Knechte und Mägde überein, die Seite an Seite unter der Kraft und Gegenwart des Heiligen Geistes miteinander dienen (siehe Apg. 2,16-18). Ob in einer liebevollen, bestätigenden Umgebung wie der Familie (Söhne und Töchter) oder in herabwürdigender sozialer Ungerechtigkeit (Knechte und Mägde) – wenn sie mit dem Geist Gottes erfüllt sind, werden Männer und Frauen zusammenstehen und zusammen dienen. Und wenn sie dies tun, werden Zeichen und Wunder geschehen, die Welt wird erschüttert werden, „und es wird geschehen: jeder, der den Namen des Herrn anrufen wird, wird errettet werden" (Apg. 2,21).

Das Herzstück der Hoffnung

Genau in jenem Augenblick wird die größte Ernte der Kirchengeschichte von Männern und Frauen eingebracht werden, die Seite an Seite zusammenarbeiten, und die Feinde Jesu zum Schemel seiner Füße werden (siehe Apg. 2,35). Dies wird in der Intimität familienzentrierter Dienste geschehen, wie es durch den Hinweis auf junge Männer und alte Männer (Kinder und Eltern) und Töchter und Söhne (siehe Apg. 2,17) angedeutet wird.

Dies ist das Herzstück der Hoffnung vor uns. Gott erwartet nicht, dass wir die Welt in Ordnung bringen, damit Männer und Frauen versöhnt werden können. Er verlangt das Gegenteil: Männer und Frauen, die von ihm eingenommen sind, sollten in seiner Gegenwart zusammenstehen, mit seinem Geist erfüllt sein, weil der außergewöhnliche Dienst, der aus solch einer Einheit fließen wird, die Welt verändern wird. Versöhnung ist nicht das Resultat des Dienstes, sondern die erste Bedingung für jeden Dienst. Nichts von alldem wird geschehen, solange nicht Männer und Frauen aller Altersklassen, egal ob verheiratet, ledig oder verwitwet, wie am Tage des Pfingstfestes vom Geist Gottes überwältigt worden sind.

Der Teufel weiß das und wird alles ihm nur Mögliche tun, um eine solche Versöhnung zu verhindern. Er weiß, wenn alle Männer und Frauen im Dienst zusammen stehen, dann wird Gott „das Haupt seiner Feinde zerschmettern... damit du deinen Fuß in Blut badest“ (Ps. 68,22-23).

Gottes Strategie

Der Verweis auf den zerquetschenden Fuß liefert eine mögliche Antwort auf eine der am häufigsten gestellten Fragen unter Christen: Warum keine fürsorgende Leiterposition für Frauen? Die Antwort ist äußerst auferbauend.

Die Positionierung der Frau soll sie nicht herabsetzen, sondern ist Teil von Gottes Strategie. Gott ermöglicht Frauen, als Schwärme von Silbertauben getarnt zu sein, die auf schmutziggrauen Hürden ruhen und sich an niedrigen Orten verbergen, während er darauf wartet, dass sich seine Feinde erheben. Wenn er jedoch schließlich die Frauen einsetzt, wird jeder das – bisher verborgene – Gold auf ihren Schwingen glitzern sehen und ihren Wert schätzen lernen. Niemand wird es klarer sehen als die Männer, die im Dienst neben ihnen stehen. In jener Stunde, der Sternstunde der Frauen, wird jeder sehen können, dass sie tatsächlich doppelt geläutert sind!

ANMERKUNGEN

1. David Van Biema, „The Preacher's Daughter: Billy's Other Kid Goes Big Time With a Series of Stadium Revivals," *Time*, May 1, 2000, S. 56-57
2. ebd.
3. Die amerikanische NASB-Bibelversion spiegelt beim Bezug auf „Frauen" den ursprünglichen hebräischen Gebrauch des weiblichen Pluralpartizips wieder. Die NIV, KJV, NKJV und RSV greifen auf geschlechtsneutrale Worte zurück. Auch das Hebräische in Jesaja 40,9-10 bezeugt, dass Frauen die gute Nachricht Jerusalem, Juda und den Enden der Erde verkünden werden.
4. In Apostelgeschichte 13,2 wird Barnabas unter den Leitern der Gemeinde in Antiochien zuerst aufgelistet und (Saulus) Paulus als letzter. Nachdem sie als Missionare ausgesandt wurden, wird Barnabas in diesem Kapitel weiterhin als erster aufgezählt bis Vers 42, wo erstmals der Name des Paulus vor Barnabas erwähnt wird, was auch die restliche Apostelgeschichte über beibehalten wird. Diese Umkehr in der Reihenfolge steht im Übereinklang mit Paulus Übernahme einer höheren Rolle in der Leiterschaft. Siehe auch Ben Witherington III, *Women and the Genesis of Christianity* (London: Cambridge University Press, 1990), S. 220. Witherington schreibt: „Sowohl sie wie auch Aquillas lehrten Apollos, und ihr Name wird zuerst erwähnt, was bedeutet, wenn jemand von Lukas als vorrangiger Instruktor erwähnt wird, dann Priscilla."
5. Juan Carlos Ortiz ist ein bekannter argentinischer Erweckungsprediger und Autor des Bestsellers *Fisciple: A Handbook for New Believers* (Lake Mary, FL.: Creation House, 1996).

6. Jane Hansen (Präsentation im Treffen des Internationalen Apostelrates, Dallas, Texas, 8. Dezember 2000).
7. In 1. Timotheus 2,11-15 schreibt Paulus: „Ich erlaube aber einer Frau/Ehefrau [Griechisch *gyne*] nicht [Griechische Gegenwart Indikative *Ouk epitrepo*, eine progressive Zeitform], zu lehren, noch über den Mann/Ehemann [Griechisch *aner*] zu herrschen [Griechisch *authentein*]." Gemäss dem Griechischen Standardlexikon des Neuen Testaments bedeutet das griechische Verb *authentein „dominieren"*, nicht einfach nur *„Autorität ausüben"* (Bauer, Arndt, Gingrich, Danker, *A Greek Lexicon of the New Testament* [Chicago: University of Chicago Press, 1979], S. 121).
8. Dr. Gary Greig eröffnete mir die Bedeutung des griechischen Wortes „gyne" in 1. Timotheus 2,11-15, das als „Ehefrau" übersetzt werden sollte und nicht als „Frau", weil sich Paulus auf Adam und Eva bezieht, den ersten Ehemann und die erste Ehefrau. Daher sollte 1. Timotheus 2,12 mit „Ich erlaube einer Ehefrau nicht einen Ehemann zu lehren oder zu beherrschen/dominieren" übersetzt werden.
9. Das 10/40-Fenster ist ein missionsbezogener Ausdruck, der die Region der Welt beschreibt, die sich zwischen dem 10. und 40. Breitengrad nördlich des Äquators befindet und von Westafrika bis Ostasien erstreckt. Innerhalb des Fensters liegt die Mehrzahl der noch nicht evangelisierten Nationen, von denen die meisten moslemisch sind.
10. Der Hinweis auf Frauen ist nicht in allen Übersetzungen präsent. Das hebräische Original weist jedoch durch den Gebrauch des Partizips im *femininen Plural* (nicht im maskulinen Plural) darauf hin, dass dieser Vers über Frauen spricht.
11. Schwingen sind die längsten Federn an den Flügeln von Tauben.
12. Dieser geistliche Einblick wurde auf der Internationalen Aglow Konferenz, Long Beach, CA, im Oktober 1995 empfangen.
13. Für einen detaillierten Bericht darüber, wie dies zustande kam, siehe: C. Peter Wagner, *Prayer Shield* (Ventura, CA: Regal, 1992), S. 150
14. John Dawson, *Taking Our Cities for God: How to Break Spiritual Strongholds* (Lake Mary, FL: Creation House, 1990)
15. Ted Hahs, unser Hauptfürbitter bei Harvest Evangelism, übermittelte mir diesen Einblick, den er wiederum von einem anderen Fürbitter in Modeste, Kalifornien, zuvor erhalten hatte.

16. Frank T. Seekins, *Hebrew Word Pictures* (Phoenix, AZ: Living Word Pictures), S. 1,72,73.
17. Gary Greig stellte diese einsichtsvolle Information zur Verfügung: In dieser Schriftpassage sollte das griechische Wort „aner“ (Ehemann, Mann) mit „Ehemann“ übersetzt werden – nicht mit „Mann“. Ebenso muss das griechische Wort „gyne“ (Ehefrau, Frau) mit „Ehefrau“ und nicht mit „Frau“ übersetzt werden, weil hier Sprachparallelen vorliegen und sich die Thematik von 1. Kor. 11 und Eph. 5,22.23 eindeutig auf Ehemänner und Ehefrauen bezieht.
18. In 1. Mose 2,18 bedeutet der griechische Ausdruck *ezer kenegdo,* „eine Hilfe, die ihm gleich ist“ bzw. „eine ihm entsprechende Hilfe“. Francis Brown, et al, *The Brown-Driver-Briggs Hebrew and English Lexicon* (Peabody, MA: Hendrickson Publishers, 1996), S. 617.

ÜBER DEN AUTOR

Ed Silvoso ist Gründer und Präsident von *Harvest Evangelism.,* Inc. Als gebürtiger Argentinier ist er weltweit als Lehrer zu den Themen Evangelisation, Wiederherstellung und Einheit der Gemeinde anerkannt. Er ist Autor von *Dass niemand verloren geht* und hat reiche Erfahrung als Familienseelsorger. Ed und seine Frau Ruth wohnen in San José, Kalifornien.

Informationen:

HARVEST EVANGELISM, Inc.
6472 Camden Avenue
SUITE #110
SAN JOSE, CA 95120, U. S. A.

Tel: USA - (408)927-9052
Fax: USA - (408) 927-9830

Homepage: www. harvestevan. org
Email: srobles @ harvestevan. org (allgemeine Anfragen!)